¡Ya verás! GOLD

¡En seguida!

1B

John R. Gutiérrez
The Pennsylvania State University

Harry L. Rosser
Boston College

Marta Rosso-O'Laughlin
Tufts University

HH Heinle & Heinle Publishers
Boston, MA • 02116 • U.S.A.
I T P® *an International Thomson Publishing company*

Boston • Albany • Bonn • Cincinnati • Detroit • London
Madrid • Melbourne • Mexico City • New York • Paris
San Francisco • Singapore • Tokyo • Toronto • Washington

Visit us on the Internet
http://www.yaveras.heinle.com

The publication of *¡En seguida!* *1B*, was directed by the members of the Heinle & Heinle School Publishing Team.

VP AND PUBLISHER: Vincent Duggan
EDITORIAL DIRECTOR: Pam Warren
DEVELOPMENTAL EDITOR: Sonny Regelman
ASSISTANT EDITOR: Andrew Littell
MARKET DEVELOPMENT DIRECTOR: Edward Lamprich
ASSOCIATE MARKETING DIRECTOR: Sarah Wojdak
DIRECTOR FL TRAINING & DEVELOPMENT: Karen Ralston
PROJECT EDITOR: Doreen Mercier
PRINT BUYER: Judy Caldwell
DEVELOPMENT: Course Crafters, Inc.
DESIGN AND COMPOSITION: Nesbitt Graphics, Inc.
TEXT PRINTER/BINDER: R. R. Donnelley & Sons Company, Inc.

For permission to use material from this text, contact us:
web   www.thomsonrights.com
fax   1-800-730-2215
phone 1-800-730-2214

Heinle & Heinle Publishers
20 Park Plaza
Boston, MA 02116

International Thomson Editores
Seneca, 53
Colonia Polanco
11560 México D.F. México

International Thomson Publishing Europe
Berkshire House
168-173 High Holborn
London, WCIV 7AA, United Kingdom

International Thomson Publishing Asia
60 Albert Street #15-01
Albert Complex
Singapore 189969

Nelson ITP, Australia
102 Dodds Street
South Melbourne
Victoria 3205 Australia

International Thomson Publishing Japan
Hirakawa-cho Kyowa Building, 3F
2-2-1 Hirakawa-cho, Chiyoda-ku
Tokyo 102, Japan

Nelson Canada
1120 Birchmount Road
Scarborough, Ontario
Canada MIK 5G4

International Thomson Publishing
   Southern Africa
Building 18, Constantia Square
138 Sixteenth Road, P.O. Box 2459
Halfway House, 1685 South Africa

Printed in the United States of America.
10 9 8 7 6 5 4 3 2 1

¡En seguida! *1B* ISBN 0-8384-0186-4

TO THE STUDENT

You are about to begin an exciting and valuable experience. Learning a new language will open up cultures other than your own: different ways of living, thinking, and seeing.

Today the Spanish language is spoken all over the world by more than 300 million people. Many of you will one day have the opportunity to visit a Spanish-speaking country. Your experience will be all the richer if you can enter into the cultures of those countries and interact with their people. However, even if you don't get to spend time in one of those countries, Spanish is very much alive right here in this country, for it is spoken every day by millions of Americans!

Do you already know some Spanish speakers in your community or have you ever been exposed to elements of Hispanic culture? Perhaps you have sampled some Mexican food or turned on the television to find a Spanish news broadcast. Perhaps you have listened to the music of Gloria Estefan or Ruben Blades or maybe seen a movie in Spanish with English subtitles. The possibilities are endless.

Once you begin to use the Spanish language in class, you will discover that you can interact with Spanish speakers or your classmates and teacher right away. Knowing that of over 80,000 words found in the Spanish language, the average Spanish speaker uses only about 800 on a daily basis might help to persuade you of this! Therefore, as you work with *¡En seguida!* keep in mind that the most important task you have ahead of you is to use what you learn for communicating as effectively and creatively as you can.

Communicating in a foreign language means understanding what others say and transmitting your messages in ways that avoid misunderstandings. As you learn to do this, you will find that making errors is part of language learning. Think of mistakes as positive steps toward effective communication. They don't hold you back; they advance you in your efforts.

Learning a language takes practice, but it's an enriching experience that can bring you a lot of pleasure and satisfaction. We hope your experience with *¡En seguida!* is both rewarding and enjoyable!

ACKNOWLEDGMENTS

The publisher and authors wish to thank the following teachers who pilot-tested the *¡Ya verás!, Second Edition,* program. Their use of the program in their classes provided us with invaluable suggestions and contributed important insights to the creation of *¡En seguida!*

Nola Baysore
Muncy JHS
Muncy, PA

Barbara Connell
Cape Elizabeth Middle
    School
Cape Elizabeth, ME

Frank Droney
Susan Digiandomenico
Wellesley Middle
    School
Wellesley, MA

Michael Dock
Shikellamy HS
Sunbury, PA

Jane Flood Clare
Somers HS
Lincolndale, NY

Nancy McMahon
Somers Middle School
Lincolndale, NY

Rebecca Gurnish
Ellet HS
Akron, OH

Peter Haggerty
Wellesley HS
Wellesley, MA

José M. Díaz
Hunter College HS
New York, NY

Claude Hawkins
Flora Mazzucco
Jerie Milici
Elena Fienga
Bohdan Kodiak
Greenwich HS
Greenwich, CT

Wally Lishkoff
Tomás Travieso
Carver Middle School
Miami, FL

Manuel M. Manderine
Canton McKinley HS
Canton, OH

Grace Angel Marion
South JHS
Lawrence, KS

Jean Barrett
St. Ignatius HS
Cleveland, OH

Gary Osman
McFarland HS
McFarland, WI

Deborah Decker
Honeoye Falls-Lima HS
Honeoye Falls, NY

Carrie Piepho
Arden JHS
Sacramento, CA

Rhonda Barley
Marshall JHS
Marshall, VA

Germana Shirmer
W. Springfield HS
Springfield, VA

John Boehner
Gibson City HS
Gibson City, IL

Margaret J. Hutchison
John H. Linton JHS
Penn Hills, PA

Edward G. Stafford
St. Andrew's-
Sewanee School
St. Andrew's, TN

Irene Prendergast
Wayzata East JHS
Plymouth, MN

Tony DeLuca
Cranston West HS
Cranston, RI

Joe Wild-Crea
Wayzata Senior
High School
Plymouth, MN

Katy Armagost
Manhattan HS
Manhattan, KS

William Lanza
Osbourn Park HS
Manassas, VA

Linda Kelley
Hopkinton HS
Contoocook, NH

John LeCuyer
Belleville HS West
Belleville, IL

Sue Bell
South Boston HS
Boston, MA

Wayne Murri
Mountain Crest HS
Hyrum, UT

Barbara Flynn
Summerfield
Waldorf School
Santa Rosa, CA

The publisher and authors wish to thank the following people for their invaluable contributions to the development of *¡En seguida!*:

Contributing Writers/Consultants

Jo Anne Wilson
J. Wilson Associates
Glen Arbor, MI

Mary Atkinson
World Languages Consultant
Reading, MA

Reviewers

Sarah Aldana
Einstein Middle School
Appleton, WI

Debra S. Martín
Charles D. Owen Middle School
Swannanoa, NC

Maritza Alfandari
Bayonette Point Middle School
New Port Richey, FL

Maria Taravella
Nova Middle School
Ft. Lauderdale, FL

Joni Demera
Charlotte-Mecklenburg Schools
Charlotte, NC

Carol Thorpe
Charlotte-Mecklenburg Schools
Charlotte, NC

Ondina Gonzales
Broward County School District
Ft. Lauderdale, FL

Linda Weber
Einstein Middle School
Appleton, WI

Adela I. Henry
Ranson Middle School
Charlotte, NC

Sandy Whyms
Madison Middle School
Appleton, WI

The publisher and authors also wish to thank the following people who reviewed the manuscript for the *¡Ya verás!, Second Edition,* program. Their comments were invaluable to its development and of great assistance in the creation of *¡En seguida!*

Georgio Arias, Juan De León, Luís Martínez (McAllen ISD, McAllen, TX); **Katy Armagost** (Mt. Vernon High School, Mt. Vernon, WA); **Yolanda Bejar, Graciela Delgado, Bárbara V. Méndez, Mary Alice Mora** (El Paso ISD, El Paso, TX); **Linda Bigler** (Thomas Jefferson High School, Alexandria, VA); **John Boehner** (Gibson City High School, Gibson City, IL); **Kathleen Carroll** (Edinburgh ISD, Edinburgh, TX); **Louanne Grimes** (Richardson ISD, Richardson, TX); **Greg Harris** (Clay High School, South Bend, IN); **Diane Henderson** (Houston ISD, Houston, TX); **Maydell Jenks** (Katy ISD, Katy, TX); **Bartley Kirst** (Ironwood High School, Glendale, AZ); **Mala Levine** (St. Margaret's Episcopal School, San Juan Capistrano, CA); **Larry Ling** (Hunter College High School, New York, NY); **Susan Malik** (West Springfield High School, Springfield, VA); **Manuel Manderine** (Canton McKinley Sr. High School, Canton, OH); **Laura Martin** (Cleveland State University, Cleveland, OH); **Luis Millán** (Edina High School, Minneapolis, MN); **David Moffett, Karen Petmeckey, Pat Rossett, Nereida Zimic** (Austin ISD, Austin, TX); **Jeff Morgenstein** (Hudson High School, Hudson, FL); **Yvette Parks** (Norwood Junior High School, Norwood, MA); **Rosana Pérez, Jody Spoor** (Northside ISD, San Antonio, TX); **Susan Polansky** (Carnegie Mellon University, Pittsburgh, PA); **Alva Salinas** (San Antonio ISD, San Antonio, TX); **Patsy Shafchuk** (Hudson High School, Hudson, FL); **Terry A. Shafer** (Worthington Kilbourne High School, West Worthington, OH); **Courtenay Suárez** (Montwood High School, Socorro ISD, El Paso, TX); **Alvino Téllez, Jr.** (Edgewood ISD, San Antonio, TX); **Kristen Warner** (Piper High School, Sunrise, FL); **Nancy Wrobel** (Champlin Park High School, Champlin, MN)

CONTENIDO

¡Bienvenidos al mundo hispánico!

Did you know that Spanish is spoken by more than 360 million people around the world and that it is the third most widely spoken language after Chinese and English? In fact, Spanish, which originated in a tiny corner of Castile, Spain, is the principal language of 20 countries. After English, it is also the most commonly spoken language in the United States, boasting more than 22 million speakers! These simple facts, however, only hint at the vibrant diversity of the Spanish language and the rich tapestry of Hispanic cultures.

Like many languages, Spanish has been shaped by geography. The Spanish spoken by the Chileans living in the shadows of the snow-capped Andes has evolved differently from that of the Argentines herding cattle on the vast grass-filled plains known as the Pampas. Even within a country as small as the Dominican Republic, the way Spanish sounds in the capital city of Santo Domingo differs from the way it is spoken in rural areas.

In many places, Spanish was also shaped by the cultures and languages of the indigenous peoples who lived there long before the arrival of Spanish-speakers—for example, the Maya of Mexico's Yucatán peninsula and Guatemala, and the Guaranis of Paraguay. Just as the United States is a "melting pot" of many cultures, the Spanish-speaking world represents a dynamic linguistic and cultural mosaic. ***¡Bienvenidos al mundo hispánico!*** You are about to embark on a fascinating journey!

Te toca a ti

Examine the maps in your textbook to find the following information.

1. The number of Spanish-speaking countries in Africa
2. The names of two oceans and one sea that touch the shores of South America
3. The names of two peninsulas in Mexico
4. The names of two island groups that belong to Spain
5. The names of the twenty Spanish-speaking countries

AMÉRICA DEL SUR

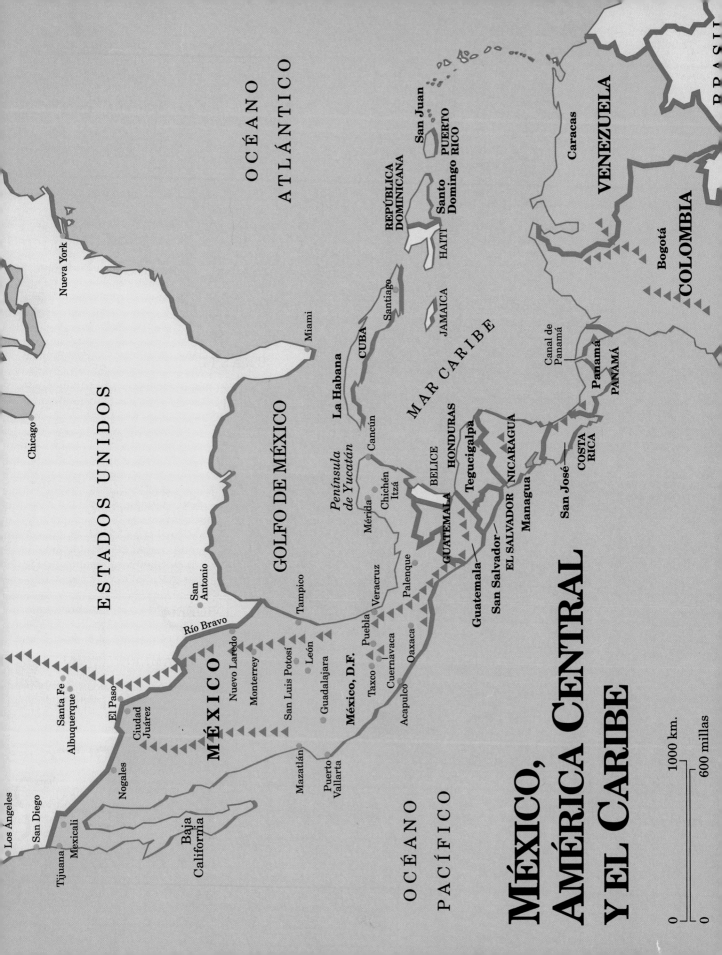

MÉXICO, AMÉRICA CENTRAL Y EL CARIBE

OCÉANO ATLÁNTICO

OCÉANO PACÍFICO

ESTADOS UNIDOS

GOLFO DE MÉXICO

MÉXICO

MAR CARIBE

Los Ángeles
San Diego
Tijuana
Mexicali
Nogales
Baja California
Santa Fe
Albuquerque
El Paso
Ciudad Juárez
Chicago
Nueva York
Miami
Río Bravo
San Antonio
Nuevo Laredo
Monterrey
San Luis Potosí
León
Guadalajara
Mazatlán
Puerto Vallarta
México, D.F.
Taxco
Cuernavaca
Acapulco
Puebla
Veracruz
Oaxaca
Tampico
Palenque
Mérida
Chichén Itzá
Cancún
Península de Yucatán

La Habana
CUBA
Santiago
JAMAICA
HAITÍ
REPÚBLICA DOMINICANA
Santo Domingo
San Juan
PUERTO RICO

BELICE
GUATEMALA
Guatemala
HONDURAS
Tegucigalpa
San Salvador
EL SALVADOR
NICARAGUA
Managua
COSTA RICA
San José
Canal de Panamá
Panamá
PANAMÁ

VENEZUELA
Caracas
COLOMBIA
Bogotá
BRASIL

0   1000 km.
0   600 millas

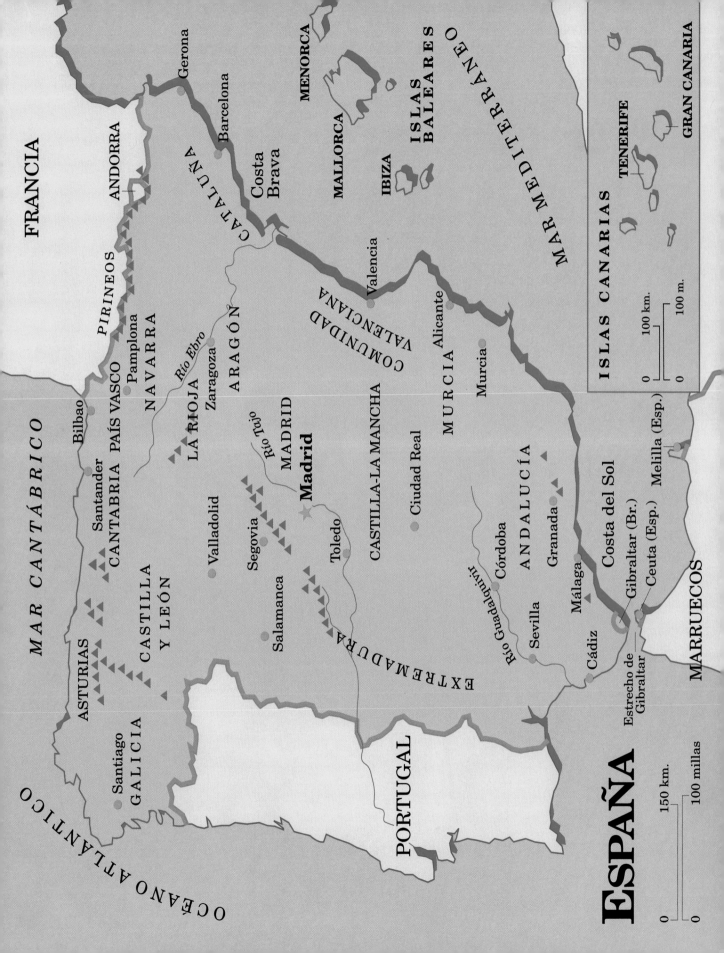

CP

¿Recuerdas...?

1. Do you know any Spanish-speaking people? Who are they? Classmates? Neighbors? Family members?

2. Do any of them speak Spanish with you?

Objectives

In this chapter you will review and practice the Spanish you learned in ¡Empecemos!

¡Vamos a la escuela!

Do you remember how to greet people?

A. ¡Hola! Unscramble and put in order the sentences in Conversations 1 and 2 below. Which conversation would occur between two friends? Which would occur between two people who do not know each other very well? Then say each conversation aloud with a partner.

Conversation 1
—¡Hola!
—Bueno, hasta luego.
—¿Cómo te va?
—Bien.
—Nos vemos.
—Muy bien, gracias. ¿Y tú?

Conversation 2
—Bien, gracias.
—¿Cómo está?
—Hasta mañana.
—Muy bien, gracias. ¿Y ud.?
—Buenas tardes.
—Adiós.

Do you remember how to say what you and a friend like to do?

¿Te acuerdas?

To say what you and a friend like to do, use **me gusta** and **te gusta.**

B. ¿Te gusta? Work with a partner. Take turns asking each other whether you each like to do the activities in the list. If you like to do what your partner likes to do, say **A mí también.** If you don't like to do what your partner doesn't like, say **A mí tampoco.**

MODELO

Estudiante 1: *¿Te gusta bailar?*
Estudiante 2: *Sí, me gusta mucho.*
Estudiante 1: *A mí también. ¿Te gusta nadar?*
Estudiante 2: *No.*
Estudiante 1: *A mí tampoco.*

comer pizza (hamburguesas, tacos, ¿?)   hablar español
cantar   practicar deportes
ir al cine   bailar
escuchar música   correr
escribir con la computadora   leer revistas
descansar

Do you remember how to ask for what you want at a restaurant?

C. ¿Qué deseas tomar?   Work with a partner. Imagine that a new Spanish/Mexican restaurant has opened in your city. Take turns asking each other what you would like to order, based on the pictures from the menu.

MODELO   **Estudiante 1:**   *¿Deseas las aceitunas?*
Estudiante 2:   *Sí. (No, prefiero el queso).*

1. enchiladas de carne

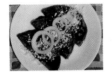

2. tacos de carne

3. enchiladas de queso

4. arroz con frijoles

5. pan con chorizo

6. tortilla (de patatas)

7. tacos de pollo

8. frijoles

9. un vaso de agua (mineral)

10. una limonada

11. un café

12. un jugo de naranja

To talk about activities you and others do:

-ar verbs

cantar

canto	cantamos
cantas	cantáis
canta	cantan

Do you remember how to talk about things you and others do?

D. ¡Tantas actividades! Tell how often you, your friends, and family do the following things. Be sure to use several different expressions.

a veces	muchísimo	mucho	poco
siempre	todos los días	a menudo	de vez en cuando
rara vez	nunca		

> **MODELO** tú / escuchar música
> *Escucho mi estéreo todos los días.*
> tú y tu familia / mirar la televisión
> *Mi familia y yo miramos la televisión de vez en cuando.*

1. tus amigos / practicar deportes
2. tú / bailar
3. tus profesores / trabajar
4. tus amigos y tú / cantar
5. tus parientes / celebrar
6. tus padres / preparar comida mexicana
7. tú / descansar después de estudiar

E. ¡Miles de planes! 1. Indicate whether the following activities are *true* (**cierto**) or *false* (**falso**) for you. 2. Then, change each statement to a question to ask a classmate.

> **MODELO** 1. *Necesito hablar con la profesora de inglés. Es cierto.*
> 2. *Kim, ¿necesitas hablar con la profesora de inglés?*

	cierto	falso
1. Me gusta bailar.		
2. Necesito estudiar todos los días.		
3. Deseo viajar a España.		
4. Me gusta comer enchiladas y tacos.		
5. Necesito ganar dinero.		
6. Deseo mirar la tele después de la escuela.		
7. Necesito descansar después de la escuela.		
8. Deseo ir a casa de mi amigo(a) después de la escuela.		

Do you remember how to identify people by their occupations and tell where they're from?

F. ¿En qué trabajan? Identify each person's occupation and tell where he (she) is from, using the pictures for clues. Follow the model.

MODELO *El señor Martínez es abogado. Es de España.*

el Sr. Martínez, Madrid

1. el Sr. y la Sra. Herrera, Lima

2. el Sr. Pérez, La Habana

3. Patricio, Buenos Aires

4. la Sra. González, Miami, FL

5. la Sra. Quintana, Quito

¿Te acuerdas?

To identify people's occupations and tell where people are from, use **ser:**

soy	**somos**
eres	**sois**
es	**son**

Do you remember how to say to whom things belong?

A. Un poco de lógica These people have all misplaced some belongings. Guess to whom the following items belong, based on the information below.

| MODELO | La profesora de español quiere comenzar la clase. |
| | *El libro es de la profesora de español.* |

1. José desea entrar a su casa.

2. El contador busca sus papeles.

3. Marta desea hacer la tarea de matemáticas.

4. José necesita escribir una composición para la clase de inglés.

5. La Sra. Ocampo quiere ir de compras.

6. Yo deseo ir de camping con mis amigos.

Do you remember how to tell where things are located?

B. ¿Dónde están? Look at the pictures of Marta's and Jorge's rooms. Work with a partner to tell in whose room the things listed below are located.

El cuarto de Marta

El cuarto de Jorge

MODELO   plantas
Las plantas están en el cuarto de Marta.
alfombra
La alfombra está en el cuarto de Jorge.

1. estéreo
2. máquina de escribir
3. estantes
4. cintas
5. discos compactos
6. televisor
7. cómoda
8. grabadora

Do you remember how to use numbers up to 20?

C. Un poco de matemáticas Fill in the missing numerals in each of the following sequences.

1. uno, dos, __, __, __, seis, __, __
2. dos, cuatro, __, __, __, __, catorce, __
3. cinco, __, __, veinte
4. diecinueve, dieciséis, __, __, __, __

Do you remember how to tell where people live, what is in their homes, and how they get around town?

D. ¿Qué hay? Work with a partner. Complete the sentences next to each series of pictures. Tell where the people live, what is in their homes, and how they get around town.

1. Me llamo María González. Vivo en... Allí hay..., Para ir al centro, voy en...

2. Me llamo Antonio Martínez. Yo vivo en... Allí hay... y... Para ir al centro, voy en...

3. Me llamo Cristina Sánchez. Yo vivo en... Allí hay..., Para ir al centro, voy en...

Do you remember how to talk about your and others' activities?

E. Nuestras actividades Work with a partner. Take turns asking the following questions. Take notes and be ready to tell the class what you learned. How much do you have in common?

MODELO

Estudiante 1:	*¿Lees mucho?*
Estudiante 2:	*Sí, leo muchas revistas. ¿Y tú?*
Estudiante 1:	*No, no leo mucho.*
Estudiante 2:	(a la clase): *Yo leo mucho, pero Irene no lee mucho.*

1. ¿Comes en la cafetería de la escuela? ¿Qué comes?
2. ¿Compartes tus cosas con tus hermanos y amigos?
3. ¿Comprendes todas las tareas?
4. ¿Corres todos los días? Si no, ¿qué ejercicio haces?
5. ¿Escribes mucho correo electrónico (*e-mail*)?
6. ¿Recibes mucho correo electrónico? ¿Recibes muchos regalos para tu cumpleaños?
7. ¿Vives una vida tranquila o agitada?

Do you remember family member words?

F. Mi familia Tell whether the following statements about your family are **cierto** or **falso.** Correct the false information.

1. Tengo más de tres hermanos.
2. Mi madre trabaja mucho.
3. Mi hermano mayor tiene más de quince años.
4. A mi padre le gusta practicar deportes.
5. Tengo una madrastra.
6. Tengo un padrastro.
7. Mi tíos favoritos viven en otro estado.
8. Veo a mis abuelos todas las semanas.
9. Uno de mis hermanos es casado. Su esposa es muy simpática.
10. Tengo muchos primos. Ellos viven en varios estados.

Do you remember how to say what you and others have?

G. ¿Qué tienen? Look at the picture of Isabel and her cousin Esteban. Tell what each person has. Then tell whether you have each item.

> MODELO *Isabel tiene una radio. Yo tengo una radio también. Esteban tiene una calculadora. No tengo calculadora.*

Do you remember how to describe people?

H. El día y la noche Mario y María are brother and sister, but they're opposite in every way. Describe María, based on the information about Mario.

> MODELO *Mario es muy serio.*
> *María es muy divertida.*

1. Mario es malo con las matemáticas.
2. Mario es muy alto.
3. Mario es un poco gordo.
4. Mario es rubio.
5. Mario tiene una mochila pequeña.

Do you remember question words?

I. Preguntas personales Answer the following questions.

1. ¿De dónde eres?
2. ¿Cuántas personas hay en tu familia?
3. ¿Con quién(es) vives?
4. ¿Cómo se llama(n)?
5. ¿Qué te gusta hacer los sábados?
6. ¿Cuál es tu clase favorita? ¿Por qué?

TERCERA ETAPA

Do you remember how to identify places in a city and say where you and others are going?

A. ¡Es lógico!

¿Te acuerdas?

To say where you and others are going, use **ir:**

voy	vamos
vas	vais
va	van

Paso 1. Read the sentences below and tell where the people are going, based on what they plan to do. Choose from this list of places.

la biblioteca	el banco	la oficina de correos
el hospital	la escuela	el mercado
el aeropuerto	el parque	el cine
el estadio	la piscina	

MODELO   *Margarita necesita ver al médico urgentemente.*
Margarita va al hospital.

1. Samuel y su hermano quieren leer unos libros.
2. Yo quiero comprar fruta.
3. Roberto y Elsa van a ver jugar a los Dodgers—su equipo favorito.
4. Nora y su prima van a montar en bicicleta.
5. Mi mamá necesita dinero.
6. La tía de Enrique quiere ver la nueva película de Antonio Banderas.
7. Hoy es lunes y Elenita va a presentar un reporte a la clase.
8. Irene necesita comprar sellos para mandar una carta a su abuela.
9. Hace calor y Marta quiere nadar.
10. ¡Los primos de Héctor llegan de Costa Rica hoy a las 7:15 de la mañana!

Paso 2. Now, tell how often you go to the places listed in **Paso 1,** using these expressions of frequency.

siempre   rara vez   a menudo   nunca   de vez en cuando

Do you remember how to tell what you want or prefer to do?

¿Te acuerdas?

Stem-changing verbs

e → ei

querer

quiero	queremos
quieres	queréis
quiere	quieren

preferir

prefiero	preferimos
prefieres	preferís
prefiere	prefieren

B. Un campamento de deportes Luis and his cousins are spending the weekend at a sports camp. Tell what each person wants or prefers to do, using the correct form of the verb.

Luis (1) ___ (querer) practicar básquetbol pero su prima Ángela (2) _____ (preferir) jugar tenis porque la instructora es excelente. Ramón y Umberto (3) ___ (querer) ir a la piscina a nadar porque hace mucho calor. Mi prima menor y yo (4) ___ (preferir) jugar vólibol porque es un deporte muy divertido.

Do you remember how to use numbers up to 100?

C. Un poco de matemáticas Complete the following number sequences.

1. 10, 20, __, ___, ___, 60
2. 15, 20, ___, ___, ___, 40, ___
3. 100, ___, 80, ___
4. 99, 88, ___, ___, ___, 44
5. 22, 28, 34, ___, ___, ___, ___, 64

Do you remember how to tell where places are located?

¿Te acuerdas?

To tell location, use prepositions:

al lado de

al final de

cerca de

lejos de

delante de

detrás de

en la esquina de

entre

frente a

a la derecha de

a la izquierda de

D. ¿Dónde está? Tell the location of each of the following places, according to the map.

1. el aeropuerto
2. la oficina de correos
3. el hotel
4. el banco
5. la farmacia

Do you remember how to tell the time?

 E. **¿Qué hora es?** Write the following times of day.

MODELO *Es la una.*

1.   2.   3.   4.

5.   6.   7.   8.

F. **Nuestras actividades** Work with a partner. Take turns asking when you do the following activities.

MODELO comer en la escuela
  Estudiante 1: *¿A qué hora comes en la escuela?*
  Estudiante 2: *Como a las once y media. ¿Y tú?*
  Estudiante 1: *Como a las doce y diez.*

1. llegar a la escuela

2. llegar a casa después de las clases

3. estudiar

4. mirar la tele

5. usar la computadora

6. tener la clase de inglés

Capítulo preliminar ¿Recuerdas...? **13**

Do you remember how to tell how you and others are feeling?

G. ¿Cómo están?

Paso 1. Tell how the people below are feeling. Use these words.

cansado(a)   enojado(a)   contento(a)

enfermo(a)   triste   aburrido(a)

MODELO   *Marisol está cansada.*

Marisol

1. Graciela

2. Santiago

3. Diego y Fernando

4. Julia

5. Benjamín y Laura

Paso 2. Now, tell how these people are feeling today.

1. tú
2. tu mejor amigo
3. tu profesor(a) de español
4. tus padres
5. tu profesor(a) de inglés

¿Te acuerdas?

To tell how you and others are feeling, use **estar.**

Do you remember how to talk about people's belongings?

¿Te acuerdas?

To say *his, her, your,* (**ud., Uds.**) and *their*, use **su** or **sus.**

H. **¿De quién es?** Imagine that you have a new neighbor who wants to know the people in the neighborhood. The new neighbor asks you the following questions. Answer using **sí** and **su** or **sus.**

MODELOS

¿Es el cuaderno de Pedro?
Sí, es su cuaderno.

¿Son los animales de Héctor?
Sí, son sus animales.

1. ¿Son las amigas de Raquel y Susana?

2. ¿Es el perro de Pilar?

3. ¿Es el gato de Mariano y Adela?

4. ¿Son los hijos de Marcos y Carmen?

5. ¿Es la hermana de Raúl?

6. ¿Es la casa de Benito?

Vamos al centro

Objectives

In this unit you will learn to:

- plan things to do in town
- talk about the future
- talk about how to get places

¿Qué ves?

- How many different kinds of transportation do you see in the pictures?
- Where do you think these people are?
- Where do you think they might be going?

10

¿Quieres ir al centro?

What kinds of things do you do when you go downtown or to the mall?

Objectives

In this chapter you will learn to:
- ☺ make plans to go downtown
- ☺ identify what to do in town
- ☺ talk about when and how to go downtown

Voy al centro para ir de compras.

1. What kinds of things do your friends do when they go to the mall?

2. How do you invite someone to go downtown or to the mall with you?

¿Para qué?

Estas personas tienen planes en el centro.

Miguel:	Voy al centro para ver a mis amigos.
Sandra:	Ah, tienes una **cita** con tus amigos.

Andrés:	Voy al centro para **ir de compras**.
Adela:	Ah, quieres comprar algo.

Cristina:	Voy al centro para ir al cine.
Javier:	Ah, **tienes ganas de** ver una película.

Natalia:	Voy al centro para **hacer un mandado** para mi madre.
Pedro:	Ah, **debes** hacer un mandado.

¿Para qué? *For what reason?*   **cita** *meeting, date*   **ir de compras** *to go shopping*   **tienes ganas de** *you feel like*
hacer un mandado *do an errand*   **debes** *you must*

Daniel: ¿Para qué vas al centro?
Noemí: Voy al centro para **dar un paseo**.

Una situación

Elena:	¿Francisco, quieres ir al centro conmigo?
Francisco:	¿Para qué?
Elena:	Para hacer un mandado para mi padre. Tengo que ir a la farmacia.
Francisco:	Mm, bueno, quiero comprar un disco compacto. ¡Vamos!
Elena:	De acuerdo. ¡Vamos!

dar un paseo *take a walk*

¡Te toca a ti!

A. ¿Para qué va al centro? Look at the pictures on the next page. Tell why the people are going downtown.

> **MODELO**   ¿Para qué va María al centro?
> *Ella va al centro para ver a una amiga.*

1. ¿Para qué va Vicente al centro?

2. ¿Para qué va Anita al centro?

3. ¿Para qué van José y Tito al centro?

4. ¿Para qué va Laura al centro?

5. ¿Para qué van Patricio y Julia al centro?

6. ¿Para qué van Mario y Luis al centro?

B. ¿Para qué? Felipe's family needs to go downtown. Match their reasons for going in column A with where they have to go in column B.

A	B
1. Laura necesita comprar libros.	A. Tiene que ir a la biblioteca.
2. Tío Ernesto necesita comprar aspirina.	B. Tienen que ir al cine.
3. Los primos quieren ver una película.	C. Tiene que ir a la librería.
4. Mi hermana y yo tenemos hambre.	D. Tenemos que ir al restaurante.
5. Mi madre va a estudiar.	E. Tienen que ir al banco.
6. Los abuelos necesitan dinero.	F. Tiene que ir a la farmacia.

C. ¿Quieres ir al centro conmigo? Work with a partner. Pretend you are going downtown to do errands. Your errands are pictured here. Invite your partner to go along. When you explain why you need to go downtown, your partner decides if he (she) wants to go with you.

MODELO   **Estudiante 1:** *¿Quieres ir al centro conmigo?*
       Estudiante 2: *¿Para qué?*
       Estudiante 1: *Tengo que ir a la oficina de correos.*
       Estudiante 2: *Bueno. Vamos.*
             o: *No, gracias. No quiero ir.*

1.

2.

3.

4.

5.

Práctica

D. Listen and repeat as your teacher models the following words.

1. hay	6. hotel
2. hospital	7. hablar
3. hola	8. hispano
4. hoy	9. ahora
5. hace	10. hora

¡A jugar con los sonidos!

¿Qué hacen Héctor y sus hermanas cuando tienen hambre?
¡Hallan helados en la heladería!

ESTRUCTURA

Talking about what you're going to do

To talk about what you and others are going to do, use forms of **ir a** + the activity (infinitive).

Voy a comer.	*I am going to eat.*
Vamos a estudiar.	*We are going to study.*
Vas a dar un paseo.	*You are going to take a walk.*
¿Qué **van a hacer** esta tarde?	*What are they going to do this afternoon?*
No vas a ir al cine, ¿verdad?	*You're not going to the movies, right?*

Aquí practicamos

 E. **¿Qué van a hacer?** Look at the pictures. Write sentences telling what the people are going to do. Choose from the following activities.

hablar por teléfono viajar ir al cine

correr   comer estudiar

1. Elena

2. los Chang

3. José

4. mis amigos

5. mi hermano y yo

6. el perro

F. Planes Using words from each column, write sentences that say what the people in column A are going to do.

MODELO *Uds. van a comer en un restaurante.*

A	B	C	D
1. yo	ir a	dar un paseo	en la discoteca
2. Susana		comer	en el parque
3. Marcos		estudiar	en un restaurante
4. nosotros		comprar un disco compacto	en un centro comercial
5. Juan y su novia		ver una película	en el café
6. Uds.		tomar un refresco	en la biblioteca
7. tú		bailar	en el cine
8. Ud.			en la televisión

G. ¿Qué vas a hacer el sábado por la tarde?
Work in a group of four. Ask each other what you are going to do this Saturday afternoon. Take notes. Report to the class what you learned.

estudiar en la biblioteca   ver a un(a) amigo(a)

dar un paseo   ir de compras

comprar un disco compacto   ir al cine

practicar deportes   comer en un restaurante

MODELO **Estudiante 1:** *Marcos, ¿qué vas a hacer el sábado por la tarde?*
Estudiante 2: *Voy a comer en un restaurante.*
Estudiante 1: *(a la clase) Marcos va a comer en un restaurante.*

H. ¿Qué vas a hacer este fin de semana? Answer the following questions about your *weekend* (**el fin de semana**) plans.

1. ¿Vas a estudiar español?

2. ¿Vas a leer un libro? ¿Qué libro?

3. ¿Vas a comprar algo?

4. ¿Vas a ver un programa de televisión? ¿Qué programa?

5. ¿Vas a bailar en una fiesta?

6. ¿Vas a hablar por teléfono con un(a) amigo(a)? ¿Con qué amigo(a)?

7. ¿Qué más vas a hacer?

PALABRAS ÚTILES

Talking about what you feel like doing

To talk about what you and others feel like doing, use forms of **tener ganas de** + the activity (infinitive) of what you feel like doing.

¿Tienes ganas de comer una hamburguesa con queso?	*Do you feel like eating a cheeseburger?*
Tenemos ganas de bailar.	*We feel like dancing.*
Tienen ganas de escuchar la radio.	*They feel like listening to the radio.*
Hoy **no tengo ganas de estudiar.**	*Today I don't feel like studying.*

I. ¿Qué tiene ganas de hacer…? Tell what the people in the pictures on the next page feel like doing.

MODELO ¿Qué tienen ganas de hacer Isabel y Juan?
Isabel y Juan tienen ganas de bailar.

¿Te acuerdas?

You have learned these other useful expressions with the verb **tener.**

tener sed

tener hambre

tener _____ años

tener que + activity (infinitive)

1. ¿Qué tiene ganas de
   hacer Irma?

2. ¿Qué tienen ganas de
   hacer Julián y Javier?

3. ¿Qué tiene ganas de
   hacer Eva?

4. ¿Qué tienen ganas de
   hacer tus amigos?

5. ¿Qué tiene ganas de
   hacer Esteban?

6. ¿Qué tienen ganas de
   hacer Bárbara y
   Carolina?

J. Tienen ganas de...

1. Write sentences using words from each column.

2. Say whether you feel like doing each activity in column C.

A	B	C
1. Esteban	(no) tener ganas de	comer en el centro comercial
2. yo		estudiar matemáticas
3. nosotros		bailar el tango
4. tú		ver televisión
5. Marta y Julia		ir a un museo
6. Uds.		dar un paseo
		ir al centro

K. Tengo ganas de... pero debo...
Work with a partner. Take turns inviting each other to do the following things. In each case, you can't join your partner because you have to do something else. Make up good excuses!

> **MODELO**   ir al centro
> **Estudiante 1:** *¿Tienes ganas de ir al centro conmigo?*
> **Estudiante 2:** *Sí, pero debo estudiar español.*

1. comprar un disco compacto

2. ver una película

3. caminar al centro

4. ir a la librería

5. comer en un restaurante

6. dar un paseo

¿Qué piensas?

Look at the verb **deber** (*must, should*).

debo	**debemos**
debes	**debéis**
debe	**deben**

What kind of verb is **deber**: **-ar, -er,** or **-ir**? Is it regular or irregular?

Aquí escuchamos

¿Quieres ir al centro?   Elena invites Francisco to go downtown with her.

Antes de escuchar   Think about how in Spanish you would invite someone to go downtown with you.

A escuchar   Listen twice to the conversation between Elena and Francisco. Listen to find out the answers to these questions.

1. Why is Elena going downtown?
2. Where is she going?
3. Why does Francisco want to go downtown?
4. What else does Elena invite Francisco to do?
5. What phrase does Francisco use to agree to accompany Elena?

Después de escuchar   Write answers to the previous questions based on what you heard. You may want to listen to the cassette again.

—**¿Quieres ir al cine conmigo?**
—**Sí, pero no hay un cine por aquí.**
—**¿Entonces quieres ir al centro?**
—**¡Vamos!**

¡ADELANTE!

A. ¿Quieres ir al centro comercial conmigo?

Pretend you need to go to the mall to do some errands.
Make a list of things you want or need to do. Then ask sev-
eral classmates if they need to do the same things. When
you find someone who wants to join you, arrange a time
to go. Use **no puedo** to say *I can't.*

MODELO

Estudiante 1: *¡Hola, Catalina! ¿Qué vas a hacer en el centro comercial?*

Estudiante 2: *Debo ir a la farmacia. Y tengo ganas de ir de compras.*

Estudiante 1: *Yo quiero ir de compras también. ¿Quieres ir conmigo?*

Estudiante 2: *Sí, cómo no. ¿A qué hora?*

Estudiante 1: *¿A las once?*

Estudiante 2: *No, no puedo a las once, porque tengo una cita con mi abuela al mediodía. Nosotras vamos a comer juntas.*

Estudiante 1: *Entonces, vamos al centro comercial a las tres.*

Estudiante 2: *De acuerdo.*

B. Este fin de semana tengo ganas de...

Write a note to a friend in which you tell what you feel
like doing this weekend. Mention four different activi-
ties. For each one, write when, where, and with whom
you want to do these things. Then, name another
activity that you definitely are not going to do!

1. In this **etapa,** you will talk about things that you do on certain days and at certain times. What are the three different parts of the day?

2. How do you ask someone what he or she is going to do on a specific day or during a specific part of a day?

¿Cuándo vamos?

Voy a hacer muchas cosas hoy y mañana.

Hoy

1. **Esta mañana** yo voy a la escuela.

Mañana

2. **Mañana por la mañana** voy a dormir tarde.

3. **Esta tarde** yo voy a estudiar.

4. **Mañana por la tarde** voy a ir de compras.

hoy *today*   **mañana** *tomorrow*   **Esta mañana** *This morning*   **Mañana por la mañana** *Tomorrow morning*
Esta tarde *This afternoon*   **Mañana por la tarde** *Tomorrow afternoon*

Hoy	Mañana

5. **Esta noche** yo voy a mirar la televisión en casa.

6. **Mañana por la noche** voy a ver a mis amigos en el cine.

Una situación

Liliana: ¿Quieres ir al centro **conmigo?** Tengo que ir a la oficina de correos.

Guillermo: Sí, yo también. Tengo que hacer un mandado para mi padre. ¿Cuándo quieres ir? ¿Esta mañana?

Liliana: No, es imposible. **No puedo ir** esta mañana. Tengo que estudiar hasta las doce. ¿Esta tarde? ¿Está bien?

Guillermo: Sí, está bien. Vamos al centro esta tarde.

Esta noche *tonight*   **Mañana por la noche** *tomorrow night*   **conmigo** *with me*   **No puedo ir** *I can't go*

¡Te toca a ti!

A. **¿Cuándo vas al centro?**   Pretend that today is the *fifth of October* (**el 5 de octubre**). Look at the pictures on the next page and tell when the following activities take place.

la mañana   **la tarde**   **la noche**

MODELO   ¿Cuándo va Anita al centro?
Ella va al centro esta noche.

¿Cuándo van tus amigos al cine?
Van al cine mañana por la tarde.

el 5 de marzo

el 6 de octubre

Capítulo 10   ¿Quieres ir al centro?   **33**

el 5 de octubre

1. ¿Cuándo van a ir al cine tus padres?

el 6 de octubre

2. ¿Cuándo va Enrique al centro?

el 5 de octubre

3. ¿Cuándo va a estudiar tu hermana?

el 6 de octubre

4. ¿Cuándo va a comprar Julián el disco compacto?

el 6 de octubre

5. ¿Cuándo vas a ver a tus amigos?

el 5 de octubre

6. ¿Cuándo van a hacer el mandado tus hermanos?

B. **¿Cuándo quieres ir?** Work with a partner. Take turns inviting each other to go to places in column A. Answer with one of the times in column B.

MODELO

Estudiante 1: *¿Quieres ir al cine conmigo?*
Estudiante 2: *Sí. ¿Cuándo quieres ir?*
Estudiante 1: *Esta noche. ¿Está bien?*
Estudiante 2: *Sí, por supuesto. Vamos al cine esta noche. o: No, es imposible. Tengo que trabajar.*

A	B
ir al centro comercial	esta mañana
ir a la biblioteca	esta tarde
ir a la piscina	esta noche
ir al cine	mañana por la tarde
ir al estadio	mañana por la noche
ir a una pizzería	
ir al parque	
ir a una fiesta	
ir a la casa de... (¿quién?)	

C. Preguntas   Work with a partner. Take turns asking and answering these questions.

1. ¿Estudias mucho? ¿Vas a estudiar esta noche?

2. Generalmente, ¿qué haces por la noche? ¿Qué vas a hacer esta noche?

3. ¿Vas frecuentemente al centro comercial? ¿Qué haces allí? ¿Vas a ir mañana?

4. ¿Escribes mucho correo eléctronico? ¿A quiénes? ¿Vas a escribir uno esta noche?

5. ¿Te gusta dar paseos? ¿Vas a dar un paseo esta tarde?

D. Excusas   Make up excuses for why you can't do the following activities.

> **MODELO**   ver vídeo en casa
> *No puedo ver vídeo en casa porque tengo que estudiar.*

1. hacer un mandado para el profesor (la profesora) de español

2. ir a la oficina de correos

3. comer en un restaurante

4. leer un libro

5. practicar un deporte (tenis, béisbol, etc.)

6. bailar en la fiesta

ESTRUCTURA

Talking about the days of the week

1. Here are the *days of the week* (**los días de la semana**).

lunes	*Monday*
martes	*Tuesday*
miércoles	*Wednesday*
jueves	*Thursday*
viernes	*Friday*
sábado	*Saturday*
domingo	*Sunday*
—**¿Qué día es hoy?**	*What day is it today?*
—**Es miércoles.**	*It is Wednesday.*

2. Notice that the days are not capitalized.

3. To say what you do on a certain day use **el**. To say what you do routinely ("every Saturday, on Mondays"), use **los**.

—**El jueves** yo voy al cine.

On Thursday I'm going to the movies.

—**Los sábados** no vamos a la escuela.

On Saturdays we don't go to school.

Aquí practicamos ◈ ◈ ◈ ◈ ◈ ◈ ◈

E. ¿Qué día es hoy?   Work with a partner. Pretend you're both confused about what day it is. Take turns asking the day. Answer by saying it's the next day.

> **MODELO**   lunes
>
> **Estudiante 1:** *¿Es lunes hoy?*
> **Estudiante 2:** *No, ¡hoy es martes!*

1. jueves
2. sábado

3. miércoles
4. domingo

5. viernes
6. martes

F. ¡Bienvenidos!   Some students from Bolivia are going to visit your school. Using the following calendar, tell on what day of the week they will arrive.

> **MODELO**   Miguel va a llegar el 18.
> *Ah, él llega el jueves.*

1. Enrique y la profesora van a llegar el 15.

2. Mario y Jaime van a llegar el 17.

3. María y Anita van a llegar el 20.

4. Francisco va a llegar el 21.

5. Roberto va a llegar el 16.

6. Los otros van a llegar el 19.

enero

L	M	M	J	V	S	D
15	16	17	18	19	20	21

ESTRUCTURA

Talking about what you do

To say what you or others do, use forms of the verb **hacer**. Note that the **yo** form is irregular (just like **tengo** and **vengo**).

hacer (to do, to make)			
yo	**hago**	nosotros(as)	**hacemos**
tú	**haces**	vosotros(as)	**hacéis**
él ella Ud.	**hace**	ellos ellas Uds.	**hacen**

—¿Qué **haces** los lunes por la tarde?   *What do you do on Monday afternoons?*
—**Practico** el piano.   *I practice piano.*
—¿Qué **vas a hacer** el viernes?   *What are you going to do on Friday?*
—**Voy a estudiar.**   *I'm going to study.*

Aquí practicamos

G. ¿Qué hacen? Pretend you want to know what these people do on Saturdays. Ask questions using forms of **hacer**.

> **MODELO** Juan
> *¿Qué hace Juan los sábados?*

1. Anita
2. Susana y Enrique
3. Ud.
4. Alberto y yo
5. tú
6. nosotros
7. ellos
8. yo

H. ¿Qué hace Juan? Work with a partner. Look at the pictures and take turns asking what the people are doing.

MODELO **Estudiante 1:** *¿Qué hace Martín?*
Estudiante 2: *Estudia.*

Martín

1. Lucía

2. Elisa y Jaime

3. Pepita

4. Martín

5. Mis amigos

6. Teodoro y Alicia

I. ¿Qué va a hacer Juan? Work with a partner. Look at the pictures in activity H again. Takes turns asking what the people *are going to do* this afternoon.

MODELO **Estudiante 1:** *¿Qué va a hacer Martín esta tarde?*
Estudiante 2: *Va a estudiar.*

Aquí escuchamos

¿Cuándo vamos?   Elena and Francisco talk about their plans to go downtown.

Antes de escuchar Think about how Elena might invite Francisco to do something, how he might agree or disagree, and how they could settle on a time of day.

A escuchar Listen twice to the conversation before answering the following questions about it.

Después de escuchar Listen again to the conversation. Answer the following questions, based on what you heard. You may want to listen to the conversation again.

1. What does Elena have to do downtown?
2. Why does Francisco have to go downtown?
3. Why can't Francisco go in the morning?
4. When do they decide to go?

A. ¿Qué haces los fines de semana?   Work in a group of four. Take turns asking what you all do on weekends. Take notes and, in a chart like the one on page 41, write down at least two activities each person does. Be prepared to report to the class.

MODELO	**Estudiante 1:**	*Steve, ¿qué haces los fines de semana?*
	Estudiante 2:	*Los sábados practico deportes y los domingos voy al cine.*
	Estudiante 1:	(a la clase) *Steve practica deportes los sábados y va al cine los domingos.*

nombre	los sábados	los domingos
Steve	practica deportes	va al cine
Martha		
Tony		

B. **Este fin de semana** Write a note to a friend, telling what you are going to do this weekend. Include at least five activities. Be sure to ask your friend what he (she) is going to do.

Este fin de semana voy a la feria con Jorge.

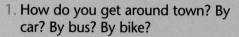

1. How do you get around town? By car? By bus? By bike?
2. How do you ask someone if he (she) can do something?
3. How do you politely say that you can't do something?

¿Cómo prefieres ir, en coche o a pie?

Hay muchas **maneras** *(ways) de ir al centro.*

El Sr. Valdés va en metro.

La Sra. Candelaria va en coche.

La Sra. López va en autobús.

El Sr. Cano va en taxi.

Pedro va en bicicleta.

Fernando va a pie.

Una situación

Andrés: ¿Quieres ir al Museo del Prado hoy?
Gabriela: Sí. Me gustan las pinturas de Velázquez. ¿Vamos a pie?
Andrés: No. Está muy lejos. Vamos en metro.
Gabriela: Bien, de acuerdo. Vamos a tomar el metro.

Museo del Prado: *Located in Madrid, the **Prado** is considered one of the most important art museums in the world. It contains over 6,000 works by Spanish artists such as Velázquez, Goya, and El Greco.*

¡Te toca a ti!

A. ¿Cómo van? Look at the pictures. Tell how each person gets downtown.

> **MODELO** Jorge
> *Jorge va en bicicleta.*

1. Francisco

2. la Sra. Fernández

3. Carlos

4. Marta

5. el Sr. González

6. Santiago y su hermana

7. el Sr. López

B. ¿Tú quieres ir...? Work with a partner. Take turns asking each other to go somewhere. In each case respond with **¡Claro que sí!** and then suggest a way of getting there. You always disagree on how to get there.

> **MODELO**   museo / metro / a pie
>
> **Estudiante 1:** ¿Quieres ir al museo?
> **Estudiante 2:** ¡Claro que sí! ¿Vamos en metro?
> **Estudiante 1:** No. ¡Vamos a pie!
> **Estudiante 2:** De acuerdo. Vamos a pie.

1. cine / a pie / autobús
2. centro / autobús / coche
3. biblioteca / taxi / metro
4. parque / coche / a pie
5. estadio / bicicleta / a pie
6. estadio / a pie / coche

C. ¿Cómo vas? Write sentences telling how you get to the following locations. Follow the model.

> **MODELO**   farmacia
> *Voy a la farmacia en coche*

1. la cafetería
2. el cine
3. el centro comercial
4. la escuela
5. tu pizzería favorita
6. la casa de tu amigo(a)
7. el parque

REPASO

D. Intercambio Work with a partner. Take turns asking these questions.

1. ¿Qué tienes ganas de hacer el sábado próximo (*next Saturday*)?
2. ¿Qué haces los domingos por la mañana?
3. ¿Qué haces los lunes por la mañana? ¿Por la tarde?
4. ¿Cuándo estudias? ¿Cómo vas a la escuela?
5. ¿Cuándo vas al centro? ¿Para qué?
6. ¿Cuándo vas al cine? ¿Con quién te gusta ir?

Talking about what you can do; extending invitations

To say what you and others can do or to invite someone to do something, use forms of the verb **poder**. **Poder** is followed by an infinitive.

poder (ue) *(to be able)*			
yo	puedo	nosotros(as)	**podemos**
tú	puedes	vosotros(as)	**podéis**
él ella Ud.	puede	ellos ellas Uds.	pueden

—¿**Puede** Marcos **hablar** francés?   *Can Marcos speak French?*
—No, **no puede hablar** francés.   *No, he cannot speak French.*

Aquí practicamos

E. Podemos...   Tell what the following people can do, using words from each column.

A	B	C
1. Linda	poder	ir al centro
2. yo		ir a un restaurante
3. tú		ir al concierto
4. Gregorio y Verónica		ir al museo
5. Uds.		ir al cine
6. nosotros		

¿Te acuerdas?

In **Capítulo 7** you learned that stem-changing verbs such as **querer (ie)** and **preferir (ie)** change in all forms except **nosotros** and **vosotros**.

preferir	
prefiero	preferimos
prefieres	preferís
prefiere	prefieren

F. Hoy no puedo...   Work with a partner. He (she) invites you to do something. You cannot do it at the time suggested, but you suggest another time.

> **MODELO**   ir al cine, hoy / el sábado por la noche
>
> **Estudiante 1:**   *¿Puedes ir al cine hoy?*
> **Estudiante 2:**   *No, hoy no puedo, pero puedo ir el sábado por la noche.*

1. ir al centro, ahora / el viernes por la tarde
2. ir a un café, esta noche / mañana por la noche
3. ir al cine, esta tarde / el domingo por la tarde
4. ir al concierto, esta semana / la semana próxima
5. ir de compras, esta mañana / el sábado por la mañana

G.   ¡Tanto talento!   List as many things that you and others you know, or know of, can do really well. Write at least six statements.

> **MODELO**   *Yo puedo bailar muy bien.*
> *Sammy Sosa puede jugar béisbol muy bien.*
> *Mis tías pueden preparar enchiladas muy bien.*

Aquí escuchamos

¿Puedes ir conmigo? Elena invites Francisco to go with her to a building downtown.

Antes de escuchar Think about how in Spanish you invite someone to accompany you to do something. Try to predict how Elena might invite Francisco to do something. How could he agree or disagree? How could they settle on a means of transportation?

 A escuchar Listen twice to the conversation before answering the questions about it that follow.

Después de escuchar Answer the following questions, based on what you heard. You may want to listen to the cassette again.

1. Where does Elena invite Francisco to go?
2. When does she want to go?
3. When does Francisco suggest they go?
4. How do they decide to go?
5. What phrase does Elena use to agree when Francisco suggests a new time?

¡ADELANTE!

A. ¿Puedes ir conmigo?

1. Work with a partner. Ask if she (he) can do something with you. Keep asking until your partner says yes.
2. Then, arrange a day, a time, and a place to meet.
3. Finally, agree on a means of transportation.

B. El sábado...   Write a short note to a classmate.

1. Ask if he or she can go someplace with you on Saturday.
2. Tell what you plan to do there.
3. Tell how you plan to get there.
4. Be sure to suggest a time of day.

EN LÍNEA

Connect with the
Spanish-speaking world!
Access the *¡Ya verás! Gold* home page for
Internet activities related to this chapter.

http://www.yaveras.heinle.com

VOCABULARIO

Para charlar

Para hablar de los planes
¿Está bien?
ir + a + *infinitive*
tener ganas + de + *infinitive*

Para decir adónde vas
Voy a...
   dar un paseo.
   hacer un mandado.
   ir de compras.
   ver a un amigo.

Para decir cuándo
Vamos...
   esta mañana.
   esta tarde.
   hoy.
   mañana.
   mañana por la mañana.
   mañana por la tarde.
   mañana por la noche.

Para decir sí o no
¡Claro que sí!
Es imposible.
No, no puedo.
No, puedo ir.
Sí, puedo.
Sí, tengo ganas de...

Para ir al centro
Voy...
   en autobús.
   a pie.
   en bicicleta.
   en coche.
   en metro.
   en taxi.

Para preguntar qué día es
¿Qué día es hoy?

Temas y contextos

Los días de la semana
el lunes
el martes
el miércoles
el jueves
el viernes
el sábado
el domingo
el fin de semana

Vocabulario general

Verbos
deber
hacer (irreg.)
poder (ue)
tomar

Otras palabras y expresiones
una cita
conmigo
¿Para qué?
próximo(a)
usualmente

ENCUENTROS CULTURALES

La música latina

Antes de leer

1. Do you like to sing or play an instrument?
2. What kinds of music do you like?
3. Do you know the names of any Spanish-speaking popular musicians or singers?
4. Skim the paragraph below. What is the topic?
5. Now scan for the names of different countries. Make a list of them.
6. Finally, read the paragraph more carefully. Remember, you do not have to know every word to understand the reading.

Reading Strategies

- pre-reading activities
- using photos to predict content
- predicting
- extracting specific information
- comprehension checks

En muchas tiendas de discos, es posible encontrar una gran variedad de música latina. Vas a encontrar esta música en las tiendas de Latinoamérica, de los Estados Unidos o de Europa. Dos ritmos musicales populares son la salsa y el merengue. La salsa se originó en Puerto Rico y el merengue en la República Dominicana, pero esta música se baila en toda Latinoamérica y también en los Estados Unidos y en Europa.

Guía para la lectura

Look at the descriptions of the singers on this page. Here are some words and expressions to keep in mind as you read.

voz	*voice*
Embajadora	*Ambassador*
desahogarse	*unburden themselves*
Burbujas	*Bubbles*

Celia Cruz

Celia Cruz, "la reina de la salsa", es cubana. Tiene una **voz** potente, con toda la gracia y el color de los trópicos. Viaja constantemente por el mundo como **Embajadora** de la música del Caribe. Viaja en compañía de Tito Puente. Tito Puente es otro salsero legendario. Muchas personas que van a los conciertos de Celia Cruz bailan porque es imposible resistir el ritmo de su música.

Juan Luis Guerra

Juan Luis Guerra es de la República Dominicana. Canta sobre los problemas sociales y económicos de su gente, a quienes invita a **desahogarse** de la mejor manera que saben: bailando. Con canciones como "Ojalá que llueva café" y "**Burbujas** de amor", este cantante dinámico le da al merengue una nueva popularidad.

"Ojalá que llueva café" (*Oh, how I wish it would rain coffee*) In this song Guerra describes a landscape so abundant with food that it rains coffee, the plains sprout sweet potatoes and strawberries, and there are hills of wheat and rice. Here everyone is happy and the children sing. The catchy rhythm and playful lyrics have made the song extremely popular.

Después de leer

 Write down short answers to these questions based on the reading.

1. ¿Dónde es posible encontrar discos de música latina?
2. ¿En qué países puedes encontrar discos de este tipo?
3. ¿Dónde se originó la salsa?
4. ¿Qué ritmo musical se originó en la República Dominicana?
5. ¿Dónde bailan los ritmos latinoaméricanos?

¡Vamos a tomar el metro!

1. Is there a subway in a city near where you live? Have you ever used it? What was it like?

2. If you have never been on a subway, what do you imagine it would be like?

Objectives

In this chapter you will learn to:

❂ talk about taking the Madrid subway

❂ talk about when you and others do things

—¿Tomamos un autobús?
—No, vamos a tomar el metro.

PRIMERA ETAPA

1. What other forms of public transportation can you think of, other than subways?

2. Find out what cities in the U.S. have subway systems.

¿En qué dirección?

¿Cómo van a llegar Elena y Clara al Museo del Prado?

Elena y su prima Clara van a tomar el metro al Museo del Prado. Están cerca de la Plaza de España, donde hay una estación de metro. Las dos **jóvenes** miran el **plano** del metro en la **entrada** de la estación.

Elena:	Bueno. Estamos aquí, en la Plaza de España.
Clara:	¿Dónde está el Museo del Prado?
Elena:	Está cerca de la Estación Atocha. Allí.
Clara:	Entonces, ¿qué hacemos?
Elena:	Es fácil. Tomamos la dirección de Legazpi.
Clara:	¿Es necesario **cambiar** de trenes?
Elena:	Sí. Cambiamos en Sol, dirección de Portazgo.
Clara:	Y debemos **bajar** en Atocha, ¿verdad?
Elena:	Exacto, allí en Atocha bajamos.

Estás aquí

jóvenes *young people*   **plano** *map*   **entrada** *entrance*   **cambiar** *to change*   **bajar** *to get off*

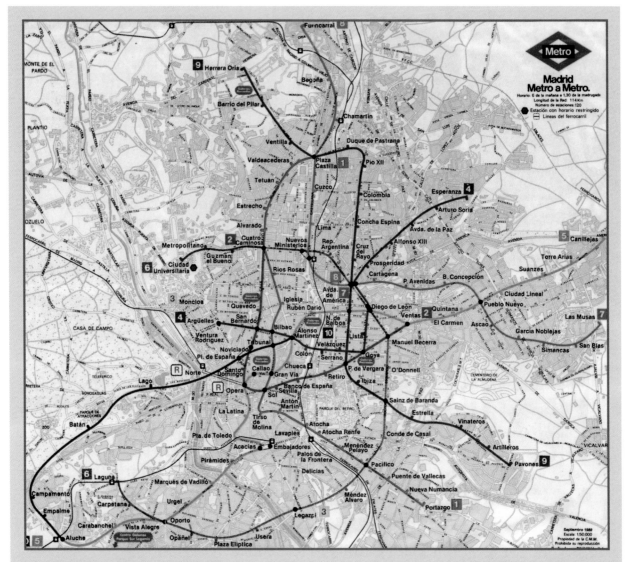

Use this Metro map of Madrid for activities on pages 56, 57, 62, and 68.

¡Te toca a ti! 🌀🌀🌀🌀🌀🌀🌀🌀

A. ¿Qué estación es?   Work with a partner. Look at the Madrid subway map on page 55 and take turns saying a number for the line and identifying the subway station.

> **MODELO**   **Estudiante 1:** *Número cuatro.*
> **Estudiante 2:** *¿Número cuatro? Es Esperanza.*

B. Cambiamos en... Bajamos en...   Work with a partner. Take turns asking questions about where to change lines and where to get off the subway to get to the following places. First, say where you are, then say where you want to go. Refer to the map on page 55.

> **MODELOS**   Portazgo / Legazpi
>
> **Estudiante 1:** *Estoy en Portazgo. Quisiera ir a Legazpi. ¿Es necesario cambiar de tren?*
> **Estudiante 2:** *Sí, tienes que cambiar en Pacífico.*
> **Estudiante 1:** *Estoy en Portazgo. Quisiera ir a Sol. ¿Es necesario cambiar de tren?*
> **Estudiante 2:** *No, no es necesario.*

1. Ciudad Universitaria / Estrecho
2. Esperanza / Avda. (Avenida) de América
3. Plaza Castilla / Prosperidad
4. Ópera / Atocha
5. Cuatro Caminos / Laguna

Comentarios CULTURALES

El metro

In Madrid, one of the easiest ways to get around is by subway, or the **metro**. You can buy a *single ticket* (**un billete sencillo**), but it is cheaper to buy tickets in *booklets of ten* (**un billete de diez viajes**). To get around on the **metro**, first find out which **línea** your stop is on. Then, figure out which direction you need to go on that **línea**, and find the name of the last station. Follow the signs for that station.

C. Para ir a mi casa... Pretend you live in Madrid next to the Ventas metro stop. Some friends who live in different parts of the city want to come to your house. Write notes telling them how to get from their metro stop to your metro stop at Ventas. Use the metro map on page 55 to plan their routes. Follow the model.

MODELO   Juan / Pavones (Línea 9)

Juan, para ir a mi casa en Ventas desde tu casa en Pavones, toma la línea 9, dirección Herrera Oría. Cambia de tren en P. de Vergara y toma la línea 9, dirección de Ventas. Baja en Ventas. Tu amigo(a).

1. Marcos / Argüelles (línea 4)
2. Pilar / Nueva Numancia (línea 1)
3. Felipe / Delicias (línea 3)
4. Nilda / Manuel Becerra (línea 6)

PRONUNCIACIÓN   *ch*

Práctica

D. Listen and repeat as your teacher models the following words.

1. chocolate
2. Chile
3. mucho
4. muchacho
5. coche

6. ocho
7. leche
8. noche
9. ochenta
10. mochila

¡A jugar con los sonidos!

Chicho Chávez techa su choza con muchas conchas. ¡Está bien hecho el techo de Chicho! ¡Qué chévere!

E. Las rutinas Some members of your family follow a regular routine. Every week, they always do the same thing. Look at the pictures and tell where they go and how they get there.

MODELO tu madre

Los lunes mi madre va al centro.
Ella va a pie.

LUNES

SÁBADO

1. tu abuelo

SÁBADO

2. tu primo

MARTES

3. tu hermana

VIERNES

4. tu tío y tu tía

JUEVES

5. tus primas

DOMINGO

6. tus padres

ESTRUCTURA

Talking about when you do certain things

1. You have used adverbs to tell when you and others do certain things.

Mi mamá trabaja **hoy.**	*My mother is working today.*
Mañana por la mañana ella no va a trabajar.	*Tomorrow morning she's not going to work.*
¿Dónde están **ahora**?	*Where are they now?*

2. Here are some other helpful words and phrases.

ahora *now*
esta semana *this week*
este mes *this month*
este año *this year*

la semana próxima *next week*
el mes próximo *next month*
el año próximo *next year*

3. The expressions **por la mañana**, **por la tarde**, **por la noche**, and **próximo(a)** can be combined with the days of the week: **el lunes por la mañana**, **los sábados por la tarde**, **el domingo por la noche**, **el lunes próximo**, etc. Time expressions are usually placed at the very beginning or end of a sentence.

¿Te acuerdas?

An adverb is a word that tells when or how you do something.

Hoy canto **mal**. **Mañana** voy a cantar **bien**.

El domingo por la noche voy a mirar la televisión.

On Sunday night, I am going to watch television.

Los lunes por la mañana voy a la escuela.

On Monday mornings, I go to school.

Aquí practicamos

F. ¿Cuándo van? Write sentences combining words from each column.

MODELO *Nosotros vamos a ir al banco esta tarde.*

A	B	C	D
1. yo	ir	al cine	hoy
2. Roberto		a Madrid	esta tarde
3. nosotros		al museo	el viernes por la noche
4. mi hermana		al banco	el domingo por la mañana
5. Uds.		a la iglesia	la semana próxima
6. tú		a la escuela	el jueves por la noche
			ahora

G. Planes Answer these questions telling when you or others are going to do the activities.

MODELO ¿Cuándo van al cine tú y tu amigo(a)?

Vamos al cine el sábado por la tarde.

1. ¿Cuándo vas a ir al centro comercial?
2. ¿Cuándo vas a hacer un mandado para tu mamá?
3. ¿Cuándo van a comer tus amigos en la pizzería?
4. ¿Cuándo va a estudiar tu hermano(a)?
5. ¿Cuándo van a escuchar música tú y tu amigo(a)?
6. ¿Cuándo vas a hacer la tarea de español?

H. El horario de los González
Answer the questions about what plans the González family has for the month of February. Assume that today is the morning of February 15.

FEBRERO

lunes	martes	miércoles	jueves	viernes	sábado	domingo
1	2	3	4	5 *restaurante*	6	7 *iglesia*
8	9	10	11	12 *restaurante*	13	14 *iglesia*
15 *Sr. y Sra. teatro en el centro (noche)*	16 *Sr. jugar al tenis*	17 *Sr. trabajo (noche)*	18 *Sra. museo*	19 *Sra. trabajo (mañana) restaurante*	20 *Sra. urso de francés (tarde)*	21 *iglesia*
22 *catedral*	23 *los Martínez*	24	25	26 *restaurante*	27	28 *iglesia*

MODELO ¿Cuándo va a visitar el museo la Sra. González?

El jueves.

1. ¿Qué noche va a trabajar el Sr. González?
2. ¿Cuándo va la Sra. González a tomar una clase?
3. ¿Cuándo van a comer en un restaurante?
4. ¿Cuándo van a llegar los Martínez?
5. ¿Cuándo va a jugar al tenis el Sr. González?
6. ¿Cuándo va a trabajar la Sra. González?

MODELO ¿Qué va a hacer el Sr. González el miércoles por la noche?

Él va a trabajar.

7. ¿Qué van a hacer los González esta noche?
8. ¿Qué van a hacer el Sr. y la Sra. González el domingo?
9. ¿Qué va a hacer la Sra. González el sábado por la tarde?
10. ¿Qué van a hacer los González el viernes próximo?

Aquí escuchamos

¿Tomamos el metro?   Elena and Francisco are making plans to go downtown.

> **Antes de escuchar** Based on what you've learned in this **etapa,** what would you expect Elena and Francisco might say about why they have to go downtown and about how they will get there?

 A escuchar Listen twice to the conversation between Elena and Francisco. Pay special attention to what they plan to do and how they plan to get there.

> **Después de escuchar** Answer the following questions based on what you heard. You may want to listen to the cassette again.

1. Why does Elena want to go downtown?
2. What does Francisco want to do?
3. How does Francisco suggest they go?
4. Where will they get on the subway?
5. Where do they change trains?

A. ¿Qué dirección tomamos?   Work with a partner. Pretend that you and your family are staying in Madrid at a hotel near the Plaza de Castilla (metro line 1). You need to go to the American Express office near Banco de España (line 2). You do not understand the subway system yet, so you ask the hotel clerk (your partner) for help. After he or she explains how to get there, you repeat the instructions to make sure you have understood. Use the metro map on page 55.

B. Muchas cosas que hacer   Work with a partner. Carlos, a student from Caracas, will arrive at your town next Monday. You and your partner want to introduce him to some of your favorite places and activities. You are on vacation next week, so you can plan your schedule over several days.

1. Brainstorm places to go (favorite places to eat, stores, parks) and things to do (concerts, movies, parties, sports).

2. Then write out a schedule on a calendar. Decide which days and at what time of day you will do each item on your list. Be prepared to report to the class. **(Carlos llega el lunes. El lunes por la noche comemos en casa. El martes entre el mediodía y las tres, vamos al centro,** etc.**).**

lunes 8	martes 9	miércoles 10	jueves 11	viernes 12	sábado 13	domingo 14
Carlos llega						

C. Mis actividades este mes   Make a calendar for this month and write down what you will be doing on various days of the month. Use the calendar in activity H on page 60 as an example.

SEGUNDA ETAPA

1. How much does it cost to ride public transportation in your town or city?

2. Do you buy a token, or do you have to use exact change?

3. Can you use a pass?

En la taquilla

*Elena y Clara entran en la estación del metro y van a la **taquilla**.*

Elena: ¿Vas a comprar un **billete sencillo**?

Clara: No, voy a comprar un **billete de diez viajes**. Es más **barato**. Un billete sencillo **cuesta** ciento veinticinco (125) pesetas y un billete de diez viajes cuesta seiscientas veinticinco (625). Y tú, ¿vas a comprar un billete?

Elena: No, yo tengo una **tarjeta de abono transportes**. Con esta tarjeta puedo tomar el metro o el autobús **sin** límite por **un mes entero**.

Clara: ¡Qué bien! Por favor, señorita, un billete de diez viajes.

La empleada: Seiscientas veinticinco pesetas, señorita.

taquilla *ticket booth* **billete sencillo** *single ticket* **billete de diez viajes** *ten-ride ticket* **barato** *cheap*
cuesta *costs* **tarjeta de abono transportes** *commuter pass* **sin** *without* **un mes entero** *a whole month*

Para aprender

When you're practicing Spanish in school or at home, picture yourself in the situation you're talking about. As you ask for tickets in Activity A, for example, pretend you're really at a ticket booth.

¡Te toca a ti!

A. En la taquilla Pretend you're at the ticket booth at a Madrid metro station. Ask for the following metro tickets.

> **MODELO** 1 ticket
> *Un billete sencillo, por favor.*

1. 2 tickets
2. 1 book of ten tickets
3. 2 books of ten tickets
4. 1 ticket that allows you to travel for a month

B. En el metro Tell what kind of metro ticket each of the following people probably need.

1. "Sólo voy a usar el metro una vez. Voy al aeropuerto ahora. Voy a Nueva York".

2. "Yo trabajo de lunes a viernes en una oficina en el centro de la ciudad. Vivo en los suburbios".

3. "Estoy de visita en Madrid. Voy a estar aquí cinco días. Pienso ir por metro a visitar muchos lugares de interés turístico".

—Un billete sencillo, por favor.

Billetes para el transporte público

As you learned, when you ride the **metro** in Madrid, you can either buy **un billete sencillo** or **un billete de diez viajes**. You can also buy *three-day* or *five-day tourist tickets* (**un metrotour de tres días** or **de cinco días**) or a *full-month commuter pass* (**una tarjeta de abono transportes**), which allows unlimited use of the buses as well as the subway for the whole month.

Expendedora billetes

C. **¿Qué haces?** Use the expressions on page 58 to tell about your weekly routine (**los sábados, los lunes por la mañana,** etc.). Then tell what you would like to do the next week (**el sábado próximo, el lunes próximo,** etc.).

> **MODELO** los lunes / el lunes próximo
> *Los lunes voy a la escuela.*
> *Pero el lunes próximo quisiera ir a visitar a mis abuelos.*

1. los sábados por la tarde / el sábado próximo
2. los viernes por la noche / el viernes próximo
3. los domingos por la mañana / el domingo próximo
4. los lunes por la mañana / el lunes próximo
5. los jueves por la tarde / el jueves próximo
6. los sábados / el sábado próximo por la noche

ESTRUCTURA

Talking about what you plan to do

pensar *(to plan)*			
yo	**pie**nso	nosotros(as)	pensamos
tú	**pie**nsas	vosotros(as)	pensáis
él ella Ud.	**pie**nsa	ellos ellas Uds.	**pie**nsan

> **¿Qué piensas?**
>
> Look at the forms of the verb **pensar**. What does it have in common with **querer** and **preferir**? What kind of verb is **pensar**?

To talk about what you plan to do, use **pensar** + infinitive.

—¿Qué **piensas hacer** mañana? *What do you plan to do tomorrow?*
—**Pienso ir** al centro. *I plan to go downtown.*
—¿Qué **piensa hacer** Juan esta noche? *What does Juan plan to do tonight?*
—**Piensa estudiar** en la biblioteca. *He plans to study at the library.*

Aquí practicamos

D. ¿Qué piensan hacer?   Tell what the people in column A plan to do in column B.

A	**B**
1. Elena tiene que estudiar para un examen de inglés.	a. Pienso ir a la librería esta tarde.
2. Mis primos tienen hambre.	b. Piensa ir a un concierto.
3. Necesito un cuaderno para la clase de español.	c. Piensa ir a la biblioteca.
4. Paco desea escuchar música.	d. Pensamos ver televisión.
5. Estamos aburridos.	e. Piensas viajar a México.
6. Quieres ir de vacaciones.	f. Piensan ir al restaurante.

E. Piensan hacer otra cosa.   Work with a partner. Your partner asks if you plan to go to the movies with some friends. Explain that your friends all seem to have other plans.

> **MODELO**   Susana / ir a un concierto
>
> **Estudiante 1:**   *¿Piensas ir al cine con Susana?*
> **Estudiante 2:**   *No, ella piensa ir a un concierto.*

1. Esteban / ver a un amigo en el centro
2. tus hermanos / comer en un restaurante
3. Linda / ir a la biblioteca
4. tus primos / dar un paseo
5. José y Catarina / ver televisión en casa
6. Anita / ir de compras con su madre

Aquí escuchamos

¿Qué piensan hacer?   Elena and Francisco are talking about their plans for the weekend.

Antes de escuchar Based on what you have learned in this **etapa**, what words and expressions do you expect Elena and Francisco to use to ask each other about their plans and to say what they might do?

A escuchar Listen twice to the conversation between Francisco and Elena. Pay particular attention to what they say they will do each day.

Después de escuchar Answer the following questions based on what you heard. You may want to listen to the cassette again.

1. What does Elena plan to do on Friday?
2. What does Francisco plan to do on Friday?
3. What does Elena plan to do on Saturday?
4. What does Francisco plan to do on Saturday?
5. What will they do on Saturday night?

¿Qué crees?

What city does not have a subway system?

a) Barcelona, Spain
b) Buenos Aires, Argentina
c) Acapulco, Mexico
d) Mexico City, Mexico

respuesta ☞

Hoy pensamos ir al cine.

¡ADELANTE!

A. Por favor... Work with a partner. You have now become an expert on the Madrid **metro**! Pretend you are at the Plaza de Colón station (line 4) and a tourist (your partner) asks you how to get to his or her hotel at the Puerta del Sol (line 1). Give the tourist directions, referring to the map on page 55.

B. ¿Qué piensas hacer la semana próxima? Write a note to a friend telling at least one thing you plan to do each day next week. Say when you will do each thing by using **por la mañana**, **por la tarde**, and **por la noche**. Add one sentence in which you say that you *want* to do something but that you *have* to do something else.

☞ c

EN LÍNEA

Connect with the
Spanish-speaking world!
Access the *¡Ya verás! Gold* home page
for Internet activities related to this chapter.

http://www.yaveras.heinle.com

VOCABULARIO

Para charlar	Temas y contextos	Vocabulario general
Para tomar el metro	**El metro**	**Otras palabras y**
Bajamos en Plaza de España.	un billete sencillo	**expresiones**
bajar	un billete de diez viajes	barato
Cambiamos en Sol.	una entrada	cuesta
cambiar	una estación de metro	un horario
¿En qué dirección?	una línea	jóvenes
	un metrotour de tres días	jugar (al tenis)
Para hablar del futuro	un metrotour de cinco días	sin
pensar + *infinitive*	un plano del metro	
esta semana	una taquilla	
este mes	una tarjeta de abono transportes	
este año		
la semana entera		
el mes entero		
el año entero		
la semana próxima		
el mes próximo		
el año próximo		
el domingo por la noche		

ENCUENTROS CULTURALES

Para viajar por Latinoamérica

Reading Strategies

- pre-reading activities
- skimming
- scanning
- making inferences

Antes de leer

1. Skim the first paragraph. What is this reading going to be about?

2. Scan the reading for the names of the countries mentioned. Make a list of them and then locate them on the map p. xiv.

3. Scan the reading a second time to get the gist. Then read it again more closely. Remember, you do not have to understand every word to know what the reading is about.

Guía para la lectura

Here are some words and expressions to help you understand the reading.

línea aérea	*airline*
avionetas	*small, two-engine planes*
madera	*wood*
vapor	*steam*
leña	*firewood*
barco	*ship, boat*
caminos	*roads, paths*

El transporte en América Latina varía de país en país. Hay aviones, trenes, metros, autobuses, taxis y coches. También hay formas de transporte más interesantes para los aventureros. Todo depende de la geografía o la cultura del país.

Colombia fue el primer país en Sudamérica en tener una **línea aérea.** Esta línea ahora se llama Avianca. Las líneas aéreas colombianas tienen aviones enormes y **avionetas** pequeñas. Otras formas de transporte en Colombia incluyen las "chivas" —antiguos autobuses de **madera** usados en áreas rurales.

También hay muchos trenes y metros. Ciudades como Caracas y la Ciudad de México tienen sistemas de trenes subterráneos rápidos y baratos. El metro de la Ciudad de México es uno de los sistemas más extensos del mundo. Paraguay a diferencia de Caracas y la Ciudad de México tiene trenes anticuados de **vapor,** a base de **leña.** No son caros y ofrecen la oportunidad de viajar tranquilamente.

En Nicaragua hay partes de la costa del Caribe que sólo tienen acceso por **barco.** En Panamá los barcos son el medio principal de transporte en varias zonas.

Algunos sitios son bellos pero poco accesibles. Venezuela, por ejemplo, tiene unos 40 parques nacionales que ofrecen una gran variedad de excursiones. Hay **caminos** bien marcados y caminos en la jungla que requieren un guía con machete.

Después de leer

1. The reading mentioned various types of transportation in Latin America. Which types of transportation did you find particularly interesting? Explain your choices.

2. Technology is gradually changing transportation around the world. Do you think the more unusual forms of transportation in Latin America, such as wooden buses, canoes and steam-powered trains, will survive through the 21st century? Why or why not?

¿Cómo vamos?

What are the advantages and disadvantages of taking a taxi as opposed to a bus?

Objectives

In this chapter you will learn to:

⊙ take a taxi

⊙ ask for and give prices

⊙ talk about wishes and desires

—¿Cómo vamos? ¿A pie o en el coche de tu padre?
—Vamos en taxi.

PRIMERA ETAPA

When you take a taxi...

1. what do you have to tell the taxi driver?
2. what is the cost of a taxi ride based on?
3. should you leave a tip?

¡Vamos a tomar un taxi!

*Linda y Julia van a una **agencia de viajes** pero **antes** van a **almorzar** en un restaurante que está cerca de la agencia. Piensan tomar un taxi.*

Linda: ¡Taxi! ¡Taxi!

El chófer: ¿Señoritas? ¿Adónde van? (*Ellas suben al taxi.*)

Linda: Queremos ir al Restaurante Julián Rojo, avenida Ventura de la Vega 5, por favor. **¿Cuánto tarda** para llegar?

El chófer: Diez minutos... quince **como máximo**.

*Llegan al restaurante. Julia baja del taxi y Linda va a **pagar**.*

Linda: ¿Cuánto es, señor?

El chófer: Trescientas ochenta (380) pesetas, señorita.

Linda: Aquí tiene quinientas (500) pesetas, señor.

El chófer: Aquí tiene Ud. el **cambio**, ciento veinte (120) pesetas.

*(Linda le da 70 pesetas al chófer como **propina**.)*

Linda: Y ésto es para Ud., señor.

El chófer: Muchas gracias, señorita. Hasta luego.

agencia de viajes *travel agency*   **antes** *before*   **almorzar** *to have lunch*   **Cuánto tarda** *How long does it take*
como máximo *at most*   **pagar** *to pay*   **cambio** *change*   **propina** *tip*

¡Te toca a ti!

A. Linda y Julia Tell if the following statements are **cierto o falso** according to what you read on page 74.

1. Linda y Julia quieren ir al restaurante.
2. La dirección del restaurante es avenida Ventura de la Vega, 6.
3. Tarda diez a quince minutos para llegar.
4. El taxi cuesta quinientas pesetas.
5. Linda da una propina al chófer.

B. ¿Cuánto tarda para llegar? Work with a partner. Imagine you're making plans to go to the places listed. Talk about how long it will take to get there.

>
>
> ¿Te acuerdas?
>
> To tell how you're going to get somewhere, use these expressions.
>
> | | |
> |---|---|
> | en coche | en taxi |
> | en autobús | en bicicleta |
> | en metro | a pie |

MODELO al parque / en autobús (10 minutos) / a pie (30 o 35 minutos)

> **Estudiante 1:** *¿Cuánto tardas para ir al parque?*
> **Estudiante 2:** *Para ir al parque en autobús, tardo diez minutos.*
> **Estudiante 1:** *¿Y para llegar a pie?*
> **Estudiante 2:** *¿A pie? Tardo treinta o treinta y cinco minutos.*

1. a la biblioteca / a pie (25 minutos) / en bicicleta (10 minutos)
2. a la iglesia / en metro (20 minutos) / en autobús (25 o 30 minutos)
3. al aeropuerto / en taxi (45 minutos) / en metro (30 o 35 minutos)
4. a la estación de autobuses / en coche (20 minutos) / en metro (10 minutos)
5. al centro / a pie (35 minutos) / en autobús (15 minutos)

C. Tardo... Tell how long it takes you to get to the following places and how you get there from where you live.

MODELO el aeropuerto
Tardo una hora para ir al aeropuerto en coche.

1. la escuela
2. la biblioteca
3. el cine

4. tu pizzería favorita
5. tu tienda de música favorita
6. tu centro comercial favorito

PRONUNCIACIÓN   II

Práctica

D. Listen as your teacher models the following words.

1. llamar
2. calle
3. milla
4. tortilla
5. ellos

6. llegar
7. ella
8. Sevilla
9. maravilla
10. pollo

¡A jugar con los sonidos!

¡Cómo llueve!
Lluvia en las mejillas.
Lluvia en la barbilla.
También en el cuello,
el cabello y en las
rodillas. ¿Quién se
llevó mi llave?

E. Pensamos hacer...

1. Think of four different things that you plan to do during the coming week and write them down.
2. Then ask several classmates about their plans. When you find someone who plans to do something that is on your list, try to arrange a day and time that you can do it together.

MODELO

Estudiante 1: *¡Hola! ¿Qué piensas hacer esta semana?*

Estudiante 2: *Pienso ver una película de Eddie Murphy el sábado próximo por la tarde.*

Estudiante 1: *Bueno, yo quiero ir al cine también. ¿Vamos juntos?*

Estudiante 2: *Buena idea. ¿A qué hora quieres ir?*

Estudiante 1: *¿A la una?*

Estudiante 2: *De acuerdo. o: No puedo a la una porque tengo que hacer mandados con mi madre. ¿Puedes ir a las cuatro?*

F. ¿Quieres, piensas, tienes que...? Tell if you *want to*, *intend to*, or *have to* do the following activities.

MODELO

practicar el fútbol
Quiero practicar el fútbol.

1. hablar español en clase
2. hacer muchas tareas
3. ir al cine
4. hablar por teléfono con un(a) amigo(a)
5. leer una novela para la clase de inglés
6. comprar un disco compacto

¿Qué crees?

Look at a map of the world. The distance between Madrid, Spain and Paris, France is approximately equal to the distance between:

a) Detroit, MI and Atlanta, GA
b) Boston, MA and Washington DC
c) Chicago, IL and New Orleans, LA
d) Albuquerque, NM and Oklahoma City, OK.

respuesta ☞

La Puerta del Sol en Madrid

La Puerta del Sol is one of the most lively and popular **plazas** in Madrid. It is a connecting point for several **metro** lines. Official distances from Madrid to other cities in Spain are measured from the **plaza** (because of this, it is called **kilómetro 0**). Here are the official distances from **kilómetro 0** to some major Spanish cities. Note that distances in Spain, as well as in most Spanish-speaking countries, are measured in metric kilometers (**kilómetros**), which is about 5/8 of a mile (**milla**).

Segovia	99 km	Pamplona	401 km
Salamanca	209 km	Granada	423 km
Burgos	237 km	Málaga	532 km
Valencia	351 km	Barcelona	617 km
Córdoba	389 km	Cádiz	624 km

a

PALABRAS ÚTILES

Counting from 100 to 1,000,000

100	**cien**	1.000	**mil**
101	**ciento uno**	2.000	**dos mil**
102	**ciento dos**	4.576	**cuatro mil quinientos setenta y seis**
200	**doscientos(as)**		
300	**trescientos(as)**	25.489	**veinticinco mil cuatrocientos ochenta y nueve**
400	**cuatrocientos(as)**		
500	**quinientos(as)**	1.000.000	**un millón**
600	**seiscientos(as)**	2.000.000	**dos millones**
700	**setecientos(as)**		
800	**ochocientos(as)**		
900	**novecientos(as)**		

1. The word **cien** is used before a noun.

   Tengo **cien** discos compactos.

2. **Ciento** is used with numbers from 101 to 199. There is no **y** following the word **ciento.**

   Mi prima tiene **ciento veinte**.

3. In numbers from 200 to 900 -**cientos** changes to -**cientas** before a feminine noun.

   En el cine hay **doscientos** hombres y **doscientas** mujeres.

4. Spanish uses a period where English uses a comma.

   3,400 = 3.400 (**tres mil cuatrocientos**).

5. **Millón/millones** is followed by **de** when it accompanies a noun.

   un millón de dólares   **tres millones de** habitantes

Aquí practicamos

G. Los números   Work with a partner. Take turns reading a number from each of these columns out loud. Ask your partner to point to the number you said. You may need to repeat the number twice.

1.) 278	2.) 1.800	3.) 11.297	4.) 225.489	5.) 1.500.000
546	5.575	35.578	369.765	2.800.000
156	7.902	49.795	569.432	56.250.000
480	3.721	67.752	789.528	76.450.000
610	6.134	87.972	852.289	
817		98.386		
729				

Para aprender

Even people who speak a foreign language well often say that using numbers in the foreign language is harder for them than using words. When given a math problem, for example, they'll do the work in their heads in their first language and translate the answer. The more you *use* numbers in a foreign language, even in your head, the better you'll learn them!

H. Un poco de historia
Match the following years with the events. In each case, say the year out loud.

1. 1776	a. año en que el Presidente Kennedy es asesinado
2. 1492	b. año en que los astronautas caminan en la Luna (*moon*)
3. 1963	c. año que los Estados Unidos logra su independencia
4. 1865	d. año en que Bill Clinton es electo Presidente
5. 1620	e. año en que Cristóbal Colón llega a América
6. 1968	f. año en que Martin Luther King es asesinado
7. 1969	g. año en que los peregrinos ingleses llegan a Plymouth en la *Mayflower*
8. 1992	h. año en que termina la Guerra Civil de los Estados Unidos

Aquí escuchamos

¡Taxi, taxi!   Elena and Francisco are going to take a taxi.

Antes de escuchar Based on what you've learned in this **etapa**, what do you expect Elena and Francisco 1) to ask the taxi driver, 2) to tell the taxi driver, and 3) to be told by the taxi driver?

 A escuchar Listen twice to the conversation. Listen to the addresses and pay special attention to the numbers mentioned.

Después de escuchar Answer the following questions based on what you heard. You may want to listen to the cassette again.

1. Where do Elena and Francisco want to go?

2. What is the name of the street?

3. What is the street number?

4. How long will it take to get there?

5. How much did the taxi ride cost?

¡ADELANTE!

A. **Tenemos que tomar un taxi.** Work with a partner. Pretend you are in Madrid with your parents, who don't speak Spanish. They want to go from their hotel to the Plaza Mayor. They ask you to go with them in a taxi. Your partner will play the role of the taxi driver. Rehearse your conversation several times, then act it out for the class.

1. Hail the taxi.
2. Tell the driver where you want to go.
3. Ask if your destination is nearby.
4. Ask how long the trip will take.
5. On arriving at your destination, ask how much the ride costs.
6. Give the driver a tip.

B. **¿Cuál es la distancia entre Washington, DC y...?** As in Madrid, in Washington, DC there is also a point from which distances are measured. Imagine a friend from Spain writes to you asking about distances between Washington, DC and some other major cities, including where you live. Choose two cities in addition to your own and find out what the distances are. Write a letter giving your friend the information.

1. Have you ever been to a travel agency?

2. When would you go to one?

3. Where would you want to go on a trip?

En la agencia de viajes

Linda y Julia visitan la agencia de viajes.

Agente: **¿En qué puedo servirles?**

Linda: Queremos planear un **viaje**.

Agente: ¿Adónde piensan ir?

Linda: **Esperamos** viajar a París. ¿Cuánto cuesta viajar a París **en avión**?

Agente: Muchísimo. Un **viaje de ida y vuelta** cuesta 31.000 pesetas.

Julia: ¿Y **en tren**?

Agente: En tren es más barato. Un billete de ida y vuelta **sólo** cuesta 15.000 pesetas.

Linda: Es mucho. **Sólo** tengo 10.000 pesetas y mi amiga tiene 9.000.

Agente: Entonces, por 7.000 pesetas pueden ir a Barcelona o a Málaga.

Julia: ¡Mmmm, Málaga tiene unas **playas hermosas**!

Linda: ¡Buena idea! Pero primero tenemos que discutir los planes con nuestros padres.

Agente: Muy bien. **Aquí estoy para servirles.**

Linda: Muchísimas gracias.

Julia: Hasta luego.

¿En qué puedo servirles? *How may I help you?* **viaje** *trip* **Esperamos** *We hope* **en avión** *by plane* **viaje de ida y vuelta** *round trip* **en tren** *by train* **sólo** *only* **playas hermosas** *beautiful beaches* **Aquí estoy para servirles.** *I'm here to help you.*

¡Te toca a ti!

A. ¿Adónde esperas viajar?
Choose a city or cities you hope to visit some day.

> **MODELO**   San Juan, Puerto Rico
> *Espero viajar a San Juan.*

1. San José, Costa Rica
2. París, Francia
3. Nueva York, Nueva York
4. Quito, Ecuador
5. San Antonio, Texas
6. Buenos Aires, Argentina
7. Miami, Florida

B. En el aeropuerto
Tell where each of the people are headed.

> **MODELO**   *Los Jiménez viajan a Nueva York.*

los Jiménez

1. los Sres. Cano

2. Raúl

3. Bárbara

4. los estudiantes

5. tú

6. yo

C. Una encuesta Ask five classmates where they hope to travel some day. Record their answers on a chart like the one below. Be prepared to report back to the class.

> **MODELO** **Estudiante 1:** *¿Adónde esperas viajar?*
> **Estudiante 2:** *Espero viajar a Miami.*
> **Estudiante 1:** *Sara espera viajar a Miami.*

nombre	ciudad
Sara	Miami
Ricardo	San Salvador
Andrés	
Gabriela	
Alex	

D. ¿Cuánto es en pesetas, por favor? Pretend that Linda is visiting the U.S. from Spain. She plans to buy some things and wants to know how much the American prices are in **pesetas**, the money of Spain. Help her convert the prices. Assume that the exchange rate is 150 pesetas = 1 dollar.

> **MODELO** $27
> *Veintisiete dólares son 4.050 (cuatro mil cincuenta) pesetas.*

1. $85

2. $ 8

3. $16

4. $58

5. $35

6. $ 5

ESTRUCTURA

Talking about what you hope to do

1. To say what you hope to do, use **esperar** + infinitive.

Espero comprar un coche nuevo el año próximo.

I hope to buy a new car next year.

Esperamos ir al cine el viernes próximo.

We hope to go to the movies next Friday.

2. Here are the four ways you have learned to talk about your plans.

Quiero comprar un coche nuevo. *I want to buy a new car.*

Espero comprar un coche nuevo. *I hope to buy a new car.*

Pienso comprar un coche nuevo. *I plan to buy a new car.*

Voy a comprar un coche nuevo. *I am going to buy a new car.*

Aquí practicamos

E. Algún día   Sarita wants to visit her cousins in Costa Rica with her brother, Joaquín. They can't decide when to go. On a separate sheet of paper, complete this e-mail she writes to her mother, who is traveling.

De: reinaroja@erols.com
Club de ciclismo "Caballo de acero"<pollovila@arols.com>

Para: Pedro Villar

Fecha: 5 de febrero 19... 11:50 AM

Querida mamá:

Algún día, Joaquín y yo _____ 1 (esperar) visitar a nuestros primos en Costa Rica. Yo _____ 2 (pensar) ir el año próximo, pero Joaquín _____ 3 (querer) viajar el mes próximo cuando los billetes no cuesten tanto. Nuestra prima, Adriana, _____ 4 (ir a) venir aquí a Miami en dos semanas. Entonces, ¿por qué _____ 5 (ir) nosotros a viajar el mes próximo? Además, nuestros tíos no _____ 6 (pensar) estar en Costa Rica el mes próximo. Ellos _____ 7 (ir a) viajar para sus vacaciones. ¿Qué _____ 8 (pensar), Mami?

Tu hija que te quiere,
Sarita

F. Intercambio Work with a partner. Take turns asking and answering these questions.

1. ¿Qué piensas hacer esta noche?

2. ¿Qué vas a hacer el sábado por la tarde?

3. ¿Qué tienes ganas de hacer el sábado?

4. ¿Qué quieres hacer el domingo?

5. ¿Qué piensas hacer el año próximo?

6. ¿Qué esperas hacer algún día?

Aquí escuchamos

Vamos de viaje Elena and Francisco are going to a travel agent. They are going to talk about plans for a trip.

Antes de escuchar Based on what you've learned in this **etapa**, what information do you expect Elena and Francisco to find out from the travel agent?

 A escuchar Listen twice to the conversation before answering the questions about it that follow.

Después de escuchar Answer the following questions based on what you heard. You may want to listen to the cassette again.

1. Where do Elena and Francisco want to go at the beginning of the conversation?

2. What is the price if they go by train?

3. What is the price if they fly?

4. Where do they decide to go?

5. How will they get there?

¡ADELANTE!

A. ¿Qué planes tienes para el verano próximo?
Work with a partner. Make plans to spend part of next summer together.

1. Agree to visit two different places. **(Pensamos viajar a...)**

2. Think of one good reason to go to each place.
   (Quiero... Deseo ver... Me gusta ir de compras.)

3. Decide on how long you will stay at each place.
   (Pensamos estar allí ... días.)

4. How will you get around once you're there? **(en bicicleta, en autobús, a pie)**

5. How will you get there and back? **(en avión, en bicicleta, en autobús)**

6. Estimate how much your trip will cost. **(Un viaje de ida y vuelta en autobús cuesta...)**

B. La semana próxima Write a note to a friend describing your plans for each day of next week. Write a sentence for each day, using an expression for making plans (**pensar, querer, ir a, esperar**).

EN LÍNEA

Connect with the
Spanish-speaking world!
Access the *¡Ya verás! Gold* home page for
Internet activities related to this chapter.

http://www.yaveras.heinle.com

VOCABULARIO

Para charlar

Para ir al centro
¿Cuánto tarda en llegar a ...?
Tarda diez minutos, como máximo.
Ésto es para Ud., señor (señora, señorita).

Para viajar
Aquí estoy para servirles.
¿En qué puedo servirles?
Queremos planear un viaje.
¿Cuánto cuesta un viaje de ida y vuelta en avión?
Es mucho. Sólo tengo 2.500 pesetas.

Los planes
esperar + *infinitive*

Para contar
cien
ciento
ciento veinte
doscientos(as)
trescientos(as)
cuatrocientos(as)
quinientos(as)
seiscientos(as)
setecientos(as)
ochocientos(as)
novecientos(as)
mil
un millón

Temas y contextos

Los viajes
una agencia de viajes
un billete de ida y vuelta
en avión
en taxi
en tren
un kilómetro
una milla
una propina

Vocabulario general

Sustantivos
el cambio
la playa

Verbos
almorzar
discutir
pagar

Adjectives
famoso(a)
hermoso(a)
nuevo(a)

Otras palabras y expresiones
algún día
antes
o
si
sólo

ENCUENTROS CULTURALES

Explora el "Agua Grande"

Reading Strategies

- pre-reading activities
- skimming
- scanning
- extracting specific information
- making inferences

Antes de leer

1. Are there any national parks or major tourist attractions in your area?

2. What kinds of brochures would you expect to pick up at the information center in a national park? What information would such brochures usually contain?

3. The title indicates that the reading is about a scenic attraction that some call **Agua Grande**. Why might a place be called **Agua Grande**?

4. Skim the brochures about the **Parque Nacional**. Why would they be helpful if you were planning a visit to this area?

5. Briefly scan the brochures about the **Parque Nacional de Iguazú**. Where are the Iguazú Falls located? What is the longest trip mentioned? The shortest?

6. What hours is the park open?

Iguazú desde un helicóptero

Guía para la lectura

Here are some words and expressions to help you as you read.

estación de primeros auxilios	*first aid station*
datos	*facts*
cataratas	*waterfalls*
herradura	*horseshoe*
selva	*jungle*
nocturnos	*nighttime*

Parque Nacional del Iguazú

Horas: 7:30 A.M.–12:00 A.M. lunes a domingo
*estación de primeros auxilios
*cuartos de baño
*cafeteria

Datos importantes:

- Las **cataratas** del Iguazú son las cataratas más espectaculares de Sudamérica.

- El nombre significa "Agua grande" en el idioma guaraní.

- Están localizadas en la frontera entre Brasil y Argentina

- Las cataratas tienen forma de **herradura**.

- Numerosas islas dividen las aguas en 275 cascadas, con una altitud de entre 200 y 269 pies.

Agencia turística Del Salto:
Iguazú

Guía de excursiones: Costos y medios de transporte (pesos argentinos)

Excursión para acampar .... Duración: 3 días
Costo: 87 por día

Excursión de las cataratas .... Duración: 3 horas
Costo: 4 por persona

Excursión en helicóptero .... Duración: 7 minutos
Costo: 52 por persona

Safari fotográfico (con guía) .... Duración: 2 horas
Costo: 25 por grupo

Paseos nocturnos por las cataratas
Costo: 38 por persona

Después de leer

Copy the following statements. Write **cierto** after each *true* statement. If the statement is **falso**, rewrite the statement to make it *true*.

1. Las cataratas tienen forma rectangular.
2. No hay muchos medios de transporte para visitar las cataratas del Iguazú.
3. Iguazú quiere decir "agua rápida".
4. Es posible ver las cataratas por la noche.

¡SIGAMOS ADELANTE!

Conversemos un rato

 Explorando Quito   Work with a partner and role-play the following situations.

1. You are on a bus trip in Ecuador with your family and you meet an Ecuadorian teenager (your partner). You invite him or her to explore Quito with your family. First, you need to get to know each other.

   a. Greet your new friend.

   b. Tell each other where you are from and what types of activities you like to do.

   c. Discuss three things you each would like to do in Quito. (Some sightseeing options: la catedral y las iglesias; el Museo Arqueológico, la Casa de la Cultura, el parque El Jido, la Ciudad Colonial.) You could also go shopping in an outdoor market or la Avenida Amazonas.

   d. Then decide on one thing to do together and make plans to get together.

Quito, Ecuador

Independence Square, Quito

2. You and your new friend are making plans to spend Saturday in downtown Quito.

   a. Decide when and where you will meet.
   b. Agree on four places to visit or activities to do together.
   c. Decide on the best means of transportation to get downtown and back home.
   d. Finally, describe your day to two other classmates and invite them to go with you. Make any necessary changes to your plans to convince them to accompany you.

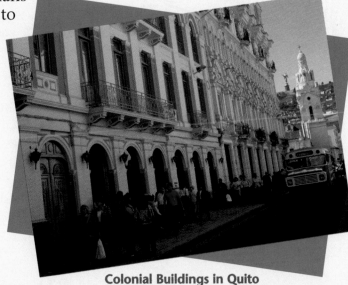

Colonial Buildings in Quito

¡A escribir!

Writing about someplace you'd like to visit

Writing Strategies

- brainstorming
- making lists
- guided description

You already know a lot about writing in Spanish. Now, you are going to write a letter describing someplace you'd like to visit. The sample letter below will give you some ideas about how to write an informal letter and some things you might like to include.

Vocabulario

The following words and phrases are commonly used when writing letters to a friend.

Querido(a)...	*Dear...*
Un abrazo de...	*Affectionately (a hug from)...*

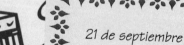

21 de septiembre

Querida Estela:

¡Estoy muy contenta! Mis padres me van a llevar a México. Vamos a pasar la semana de vacaciones en Manzanillo, en el Hotel Las Hadas. Pensamos salir de aquí el 26 de diciembre y volver el 2 de enero. Qué bueno, ¿verdad?

Vamos a pasar un día en Colima donde hay un museo arqueológico. Es interesante para mis padres, pero no me interesa mucho. Yo tengo ganas de pasar todo el tiempo en la playa. Mi madre dice que puedo comprar un traje de baño (bathing suit) nuevo antes de ir. Voy a ir de compras mañana.

Te escribo con más detalles.

Un abrazo de

Carolina

A. Reflexión

1. Think of a place you would like to visit. It may be a place you learned about in one of the **Encuentros culturales** or somewhere in the United States. Make a list of as much information as possible about that place.

2. Select two or more major ideas and relate other minor points to each of them. These will make a cluster. Each cluster then forms the basis for a paragraph. Your letter should have at least two paragraphs.

B. Primer borrador Write the first draft of your letter. Use the clusters you created to organize your thoughts.

C. Revisión con un(a) compañero(a) Exchange letters with a classmate. Read each other's letter. Using the following questions as a guide, give each other suggestions for improving the letter.

1. What part of the letter do you like the best?

2. Which things mentioned about this location would you like to experience?

3. Is the letter interesting to read?

4. Does the letter really tell about the place your classmate wants to visit?

5. Is there any part of the letter you think needs to be explained more?

D. Versión final Think about the suggestions you got from your classmate. Then rewrite your letter. Check grammar, spelling, punctuation, and accent marks.

E. Carpeta Discuss your letter with your teacher. You may choose to place your work in your portfolio and use it to evaluate your progress.

F. Proyecto Work with one or two of your classmates to design a poster illustrating the place you wrote about in your letter. Use drawings or pictures and label them appropriately. Use all or parts of your letter on the poster to describe the illustrations. You may also wish to write some additional descriptions on the poster.

Conexión con la biblioteconomía

Para empezar   Most libraries use computers to store the information about where to find books. Many libraries help you to get books from other libraries. Even using computers, most libraries still organize their materials by subject. To do this, they use one of two systems of classification. They use either the Dewey Decimal system or the Library of Congress (LC) system.

Below is an abridged (shortened) version of the LC subject headings in Spanish. Single letters indicate the major subject headings. The double letters indicate subcategories within each subject. Look through the categories. Consult a dictionary, if you need help with some of the words.

Clasificación de la Biblioteca del Congreso

A   **Obras generales**
   AE   Enciclopedias generales
   AG   Diccionarios

B   **Filosofía-religión**
   B   Filosofía general
   BF   Psicología
   BL   Religiones, mitología

D   **Historia y topografía (excepto continentes de América)**
   DP   España y Portugal

E y F   **Historia (los continentes de América)**

G   **Geografía y antropología**
   G   Mapas, átlases
   GR   Folklore
   GV   Recreación y tiempo libre

J   **Ciencia política**
   JK   Historia constitucional (Estados Unidos)
   JV   Colonias y colonización

M   **Música**

N   **Bellas artes y artes visuales**
   NA   Arquitectura
   NC   Dibujo, diseño
   ND   Pintura

P   **Lenguaje y literatura**
   PQ   Literatura romance
   PR   Literatura inglesa
   PS   Literatura de los Estados Unidos

Q   **Ciencias puras**
   QA   Matemáticas
   QB   Astronomía
   QC   Física
   QD   Química
   QE   Geología
   QK   Botánica

S   **Agricultura**

T   **Tecnología**

2 + 2 = 4

A. ¿Cierto o falso?

A classmate has written down call numbers and topics to help you find some books. Decide which of the following are correct (**cierto**) or incorrect (**falso**), based on the previous chart. Then correct the topics and letters that are wrong. You may need to look in an encyclopedia to identify some of these individuals.

$\frac{16}{32}$

MODELO	Tema	Cifra de clasificación
Ludwig von Beethoven	música	M
1. El Greco	mapas, atlases	G
2. William Shakespeare	literatura inglesa	PR
3. Sigmund Freud	agricultura	S
4. Stephen Hawkings	física	QC
5. Albert Einstein	historia y topografía	D
6. Mikhail Baryshnikov	bellas artes y artes visuales	N

B. Más actividades

4 + 4 = 8

1. Work with a classmate. Write down three topics that interest you and exchange them with your partner. Using the information from the Library of Congress, write the letters that correspond to each topic.

MODELO	Uso de las bicicletas de montaña en los Estados Unidos	GV

2. Do you know which system your school library or media center uses? Using the topics you and your partner selected, go to your school library and research two or more of the topics.

3. Which system does your local public library use? If possible, visit the library and locate an additional topic. Report the results of your visit to the class or in a short written report to your teacher.

16 + 16 = 32

Vistas
de los países hispanos

Mexico is a unique blend of cultures, mixing aspects of the ancient Indian civilizations that reigned from 1200 BC to the 16th century AD (such as the Mayans and the Aztecs) with the culture of the Spanish colonizers who conquered Mexico in 1521. Mexico won its independence from Spain in 1821. Not long afterwards, Mexico was forced to give up the areas of Texas, California, Utah, Colorado, and most of New Mexico and Arizona—which had all been part of Mexico—to the United States.

There are many well-known Mexican artists, such as painters Diego Rivera and Frida Kahlo, and writers Carlos Fuentes and Octavio Paz (who won the Nobel Prize in 1990). Mexico is also known for its colorful festivals: During the **Día de los Muertos** on November 2, families honor their dead ancestors. Candies in the shape of skeletons are sold in all the markets.

Although Spanish is the language most spoken in Mexico, there are also about 50 Indian languages, spoken by over 5 million people!

México

Ciudad de México
★

México

EXPLORA

Find out more about Mexico!
Access the **Nuestros vecinos** page
on the **¡Ya verás!** *Gold* web site
for a list of URLs.

http://www.yaveras.heinle.com/vecinos.htm

En la comunidad

Caryl Feinstein—Preparada para el **siglo XXI**

"My father jokes that his daughter works in transportation just as he did. The difference between us, he says, is that he sat still so others could travel, but I've always traveled so others didn't have to. My father was an air traffic controller; I'm a regional director for an international company that sells telecommunication equipment and I travel throughout Latin America. When my company wanted to send customer representatives to Central America, where we were selling ever-greater quantities of equipment, I decided I would be that person. I started taking classes in business administration and set out to refresh my high school Spanish. I took an intensive, day-long class every Saturday, plus I listened to Spanish language-learning tapes in the car as I commuted to work. At the end of two years, my company sent me to Bogotá!

Now, as the Latin American regional director, I manage eight employees in Bogotá as well as offices in Venezuela, Chile, Argentina, and Costa Rica. I'm the youngest such manager I know, and I spend all day speaking Spanish—to negotiate, to talk to employees and clients, or when I travel."

¡Ahora te toca a ti!

What kind of career do you think you'd like to have as an adult? Look through the classified ads (**los clasificados**) section of a Spanish language newspaper to see if you can find a job you think you might like. You can use a computer with Internet access, or you can go to a local library. Use a dictionary if you need to. Then, write out in Spanish the corresponding information for the list below.

Job Title:

Company:

Newspaper/Source:

Date:

Responsibilities:

Experience needed:

Salary:

Bogotá

Un aeropuerto

Proyectos

La agencia de viajes

Paso 1. Work with a partner to create an **agencia de viajes** for your classroom. Brainstorm a list of things your **agencia de viajes** will have, such as train schedules, tickets, and what information you need to include on the items. (See page 82 for ideas.)

Paso 2. After you have made these items for your **agencia de viajes**, create a dialogue between a **viajero(a)** and an **agente de viajes**, using the props you've made and the Spanish you have learned in Unit 4. Rehearse your dialogue and be ready to act it out in front of the class. You may also wish to tape record or videotape the dialogue.

Vas a necesitar:

- tijeras
- marcadores o lápices de colores
- cartulina de colores
- cartulina blanca
- un mapa de España

Itinerario

A group of Spanish students your age is coming to visit where you live for one week. You have been asked to plan how they should spend their time. What important places should they visit where you live? Town Hall? Museums? Sports events? A water park? A conservation area? Where should they go shopping? What eating places do you recommend? Make an itinerary with places to go for each day of the week.

Un juego

¡Lotería!

Have fun practicing numbers in Spanish by making and playing a bingo game with your group.

> ### Vas a necesitar:
> - tarjetas de 3 × 5
> - lápiz o bolígrafo
> - papel blanco de 8 1/2 × 11

Paso 1. Make 50 cards for your group's bingo game. Cut the 3 x 5 cards in half. Write a different number from 100 to 1000 on each card.

Paso 2. Display the cards face up on a desk.

Paso 3. Now, make your individual bingo boards. Cut 2 1/2" from your paper so it measures a square 8 1/2 × 8 1/2. Divide the paper into 25 squares, 5 rows of 5 squares each.

Paso 4. Write a number in each square. Choose from the numbers on the calling cards.

Paso 5. Tear up little pieces of paper to use as "chips." Now you're ready to play!

Paso 6. Choose a member of your group to call out the numbers on the cards. (**¡En español, por supuesto!**) If one of your numbers is called, cover it with a chip. The first person to complete a row says, **¡Loto!** and reads back his or her covered numbers in Spanish.

Paso 7. Play for second and third places. Start a new game with a different caller.

¡Número 365!

¡Loto!

UNIDAD

5

Tu tiempo libre

Objectives

In this unit you will learn to:

- ☼ read about activities in the Spanish-speaking world

- ☼ talk about past, present, and future activities and events

¿Qué ves?

- ✺ Where are the people in the photos?
- ✺ What are they doing?
- ✺ What do you see in the photos that is similar to what people do in the United States?
- ✺ What do you see that is different?

Los pasatiempos

1. What do you and your friends like to do in your spare time?
2. What are your favorite outdoor activities?
3. What do you do indoors?

Objectives

In this chapter you will learn to:

☻ talk about events and activities that took place in the past

—*Me encanta jugar al tenis.*

Capítulo 13 Los pasatiempos **107**

1. Make a list of your favorite activities.
2. What don't you like to do? Make a list of those activities, too.

¿Qué te gusta hacer?

A estas personas les gusta hacer cosas diferentes.

Me gusta ir de compras.

Me gusta leer.

Me gusta hablar por teléfono.

Me gusta escuchar música.

Me gusta alquilar vídeos.

Nos gusta montar en bicicleta.

Me gusta escribir cartas.

Nos gusta ir al cine.

Me gusta nadar.

Me gusta hacer ejercicio.

Nos gusta correr.

Nos gusta bailar.

¡Te toca a ti!

A. Me gusta...

1. Work with a partner. Take turns identifying the activities in the pictures on page 110.

> **MODELO**   *Nadar.*

2. Now take turns asking and telling what activities you like to do in the pictures on page 110.

> **MODELO**   **Estudiante 1:** *¿Qué te gusta hacer?*
> **Estudiante 2:** *Me gusta nadar.*

B. ¿Qué te gusta hacer? Find out from five classmates what they like to do and what they don't like to do in their free time. They can use the suggested activities or provide their own. Write down their answers on your activity master.

aprender	charlar	hacer ejercicio
bailar	comer	ir de compras
caminar	correr	mirar
cantar	descansar	trabajar

MODELO
Estudiante 1: *¿Qué te gusta hacer en tu tiempo libre?*
Estudiante 2: *Me gusta hacer ejercicio, pero no me gusta escribir cartas.*

Compañero	Le gusta...	No le gusta...
1.	*hacer ejercicio, ...*	*escribir cartas, ...*
2.		
3.		
4.		
5.		
6.		

ESTRUCTURA

Talking about events and activities that took place in the past

Preterite tense of **-ar** verbs

Yo **hablé** con Juan esta mañana. *I talked with Juan this morning.*

Él **bailó** mucho anoche. *He danced a lot last night.*

¿Te acuerdas?

Do you remember how to form the *present* tense of **-ar** verbs?

hablar	
hablo	hablamos
hablas	habláis
habla	hablan

Preterite (Past) of **-ar** verbs		
Personal pronouns	**Verb endings**	**Personal forms of** *cantar*
yo	**-é**	canté
tú	**-aste**	cantaste
él ella Ud.	**-ó**	cantó
nosotros(as)	**-amos**	cantamos
vosotros(as)	**-asteis**	cantasteis
ellos ellas Uds.	**-aron**	cantaron

1. You use the preterite tense to talk about actions that happened in the past. Here are some new regular **-ar** verbs you can begin to use!

cenar	*to eat dinner*	**pasar**	*to happen (occur), to spend (time)*
cocinar	*to cook*	**terminar**	*to finish*
desayunar	*to eat breakfast*	**usar**	*to use*
invitar	*to invite*		

2. You can use these expressions to tell when you or others did something in the past.

anoche	*last night*	**al año pasado**	*last year*
ayer	*yesterday*	**el fin de semana pasado**	*last weekend*
ayer por la mañana	*yesterday morning*	**el jueves pasado**	*last Thursday*
ayer por la tarde	*yesterday afternoon*	**la semana pasada**	*last week*
anteayer	*the day before yesterday*	**el mes pasado**	*last month*

3. To say that you or others liked something referring to the past, use **gustó** for one thing and **gustaron** for more than one.

Anoche comí en un restaurante italiano.
  Me **gustó** mucho.

Last night I ate at an Italian restaurant. I liked it a lot.

Ayer comí unas enchiladas de pollo.
  Me **gustaron** mucho.

Last night I ate chicken enchiladas. I liked them a lot

Aquí practicamos ◈◈◈◈◈◈◈

C. En el pasado Answer the questions. Follow the model.

> **MODELO** ¿Compraste un disco compacto la semana pasada?
> *Sí, compré el nuevo disco de.... o:*
> *No, no compré un disco compacto. Compré una revista.*

1. ¿Viste la televisión anoche? ¿Qué programa viste? ¿Te gustó?

2. ¿Cenaron tus padres en un restaurante el mes pasado? ¿Les gustó?

3. ¿Usó tu amigo(a) la computadora ayer?

4. ¿Cocinó tu hermano(a) unas hamburguesas la semana pasada?

5. ¿Hablaste por teléfono anoche? ¿Con quién hablaste? ¿De qué hablaron Uds.?

6. ¿Desayunaste esta mañana? ¿Desayunaste tranquilamente or muy rápido? ¿Te gustó?

7. ¿Escucharon tus amigos música ayer? ¿Qué tipo de música escucharon? ¿Y tú?

8. ¿Alquiló tu familia un vídeo el fin de semana pasado? ¿Qué vídeo vieron Uds.? ¿Les gustó?

 D. ¡Por supuesto!   Work with a partner. Your parent (your partner) went out to dinner and returned late at night. He or she asks what you did at home. Answer in the affirmative.

> **MODELO**   **Estudiante 1:** *¿Terminaste tu tarea?*
> **Estudiante 2:** *Sí, por supuesto, terminé mi tarea.*

1. ¿Hablaste por teléfono con tu amigo?

2. ¿Cenaste en casa?

3. ¿Estudiaste para el examen de español?

4. ¿Miraste un programa de televisión?

5. ¿Usaste la computadora?

E. El fin de semana pasado   Work with a partner. Take turns asking what you did at various times during last weekend.

> **MODELO**   **Estudiante 1:** *¿Estudiaste el sábado pasado?*
> **Estudiante 2:** *No, no estudié el sábado pasado.* o:
> *Sí, estudié para mi examen de matemáticas.*

1. alquilar un vídeo
2. caminar al centro
3. cenar con un(a) amigo(a)
4. comprar algo (something)
5. desayunar en un restaurante

6. escuchar música
7. hablar por teléfono
8. ver televisión
9. pasar tiempo con la familia
10. visitar a un(a) amigo(a)

NOTA GRAMATICAL

Talking about about what you or others did in the past

The preterite of the verb **hacer**

—¿Qué **hizo** Tomás ayer?	*What did Tomás do yesterday?*
—Tomás habló con el profesor.	*Tomás talked to the teacher.*
—¿Qué **hicieron** Uds. anoche?	*What did you all do last night?*
—Estudiamos mucho.	*We studied a lot.*
—¿Qué **hiciste** tú anoche?	*What did you do last night?*
—No **hice** nada.	*I didn't do anything.*
—**Hice** mi tarea de español.	*I did my Spanish homework.*

hacer			
yo	**hice**	nosotros(as)	**hicimos**
tú	**hiciste**	vosotros(as)	**hicisteis**
él ella Ud.	**hizo**	ellos ellas Uds.	**hicieron**

1. Here are some common expressions with **hacer.**

hacer un viaje	*to take a trip*
hacer la cama	*to make the bed*
hacer las maletas	*to pack (for a trip)*
hacer ejercicio	*to exercise*
hacer un mandado	*to run an errand*
Ellos **hicieron un viaje** a Bogotá, Colombia el año pasado.	*They took a trip to Bogotá, Colombia last year.*
Ernestito **hizo la cama** ayer.	*Ernestito made the bed yesterday.*
¿**Hiciste las maletas** para tu viaje a Honduras?	*Did you pack for your trip to Honduras?*

2. To say that you didn't do anything, say: **No hice nada.**

Aquí practicamos

F. Julio está aburrido Complete Julio's e-mail to his friend with forms of **hacer** in the preterite.

De: reinaroja@erols.com Club de ciclismo "Caballo de acero"<pollovila@arols.com>

Para: Clara Villar

Fecha: 5 de febrero 19... 11:50 AM

Querida Clara:

¡El mes pasado fue muy aburrido! Yo no _____ (1) nada interesante. Mis padres _____ (2) un viaje. Mi hermana _____ (3) sus maletas. Mi hermano y yo _____ (4) los mandados para nuestros padres. Y tú, ¿_____ (5) algo interesante?

Tu amigo,
Julio

G. ¿Qué hicieron anoche? Work with a partner. Take turns asking what these people did last night.

Roberto

MODELO

Estudiante 1: *¿Qué hizo Roberto anoche?*
Estudiante 2: *Roberto habló con María.*

1. José

2. Marta y Ana

3. Melisa

4. Luis y Elena

5. Esteban

6. Sara

H. ¿Y Ud., señor(a)? Write five questions to ask your teacher about things that he (she) did recently. Use time expressions such as **ayer, el viernes pasado,** etc. (see page 112). Be prepared to have your teacher ask you the same questions!

> **MODELO** **Estudiante:** *Señor(a), ¿qué hizo Ud. anoche?*
> **Señor(a):** *Anoche yo hice ejercicio. Luego, cené con mis amigos(as). ¿Y tú?*

Aquí escuchamos ◈◈◈◈◈◈◈

¿Qué te gusta hacer? *Various students talk about what they like and don't like to do in their free time.*

Antes de escuchar What activities do you think the students might mention? On your activity master, make a list based on the leisure-time activities you have learned to discuss in Spanish.

A escuchar Listen twice to what the students say and pay attention to what they like and do not like to do.

Después de escuchar On the chart in your activity master, indicate what each person likes to do and doesn't like to do by checking off the appropriate column. You may want to listen to the cassette again.

	Sí	No
Juan		
Eva		
Esteban		
Elena		

¡ADELANTE!

A. ¿Qué hiciste el fin de semana pasado? Pretend it's Monday morning. Work with a partner. Take turns asking each other how you spent last weekend. Record your partner's answers on your activity master.

> **MODELO**
> **Estudiante 1:** *¿Qué hiciste el viernes pasado por la noche?*
> **Estudiante 2:** *Yo bailé mucho. Y tú, ¿qué hiciste el sábado por la mañana?*
> **Estudiante 1:** *Mi padre y yo hicimos ejercicio.*

viernes por la noche	
sábado por la mañana	
sábado por la noche	
domingo por la tarde	
domingo por la noche	

B. La semana pasada

1. Make a list of five things you did last week. For each activity on your list, tell on which day and at what time of day you did it.

2. When you have completed your list, work with a partner to fill out the chart on your activity master.

3. For the activities that you both did, find out if you did that at the same time (**¿Cuándo estudiaste para el examen de inglés?**).

Mis actividades	Las actividades de mi compañero(a)	Las actividades de nosotros(as) dos

SEGUNDA ETAPA

1. Where do you go in your free time?
2. What are some of the events you attend?

¿Adónde fuiste?

Un muchacho y una muchacha hablan de lo que hicieron anoche.

Olga: ¿Adónde fuiste anoche?
Daniel: A un **partido** de fútbol. ¿Y tú?
Olga: Fui a un concierto.

It's Monday morning and before class begins, Carmen and her friend, Cristina, are talking about where they and some of their friends went last Saturday afternoon.

Carmen: ¡Hola, Cristina! ¿Cómo estás?
Cristina: Bien. Y tú, ¿qué tal?
Carmen: Muy, muy bien. ¿Qué hiciste el sábado pasado? ¿**Fuiste** al cine?
Cristina: No, no. No fui al cine. Roberto y yo fuimos al concierto. ¿Y tú?
Carmen: Yo fui a la biblioteca.
Cristina: ¿Fuiste con tu **novio**?
Carmen: No, él fue al gimnasio.
Cristina: Y tu hermano, ¿qué hizo? ¿Fue al gimnasio también?
Carmen: No, mi hermano y su novia fueron al partido de fútbol.

partido *game, match*   **fuiste** *you went*   **novio(a)** *boyfriend, girlfriend*

¿Adónde fueron? Fuimos...

a la biblioteca

a casa de un(a) amigo(a)

al centro

al cine

de compras

a una fiesta

al gimnasio

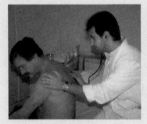
al médico

a un museo

al parque

al parque zoológico

a la playa

a un restaurante

a la piscina

ESTRUCTURA

Talking about where you or others went

The preterite of the verb **ir**

Yo **fui** al cine anoche.	*I went to the movies last night.*
Ellos **fueron** a un concierto el sábado pasado.	*They went to a concert last Saturday.*
Nosotros **fuimos** al centro ayer.	*We went downtown yesterday.*
—¿**Fuiste** a la fiesta de Julia el viernes pasado?	*Did you go to Julia's party last Friday?*
—No, no **fui** a la fiesta.	*No, I didn't go to the party.*

ir			
yo	**fui**	nosotros(as)	**fuimos**
tú	**fuiste**	vosotros(as)	**fuisteis**
él ella Ud.	**fue**	ellos ellas Uds.	**fueron**

¡Te toca a ti!

A. ¿Adónde fueron? Work with a partner. Take turns asking where these people went yesterday afternoon.

> **MODELO** David / cine
> **Estudiante 1:** *¿Adónde fue David?*
> **Estudiante 2:** *Fue al cine.*

1. Carmen / concierto
2. tu hermana / museo
3. tú / biblioteca
4. Jorge y Hernando / banco
5. Victoria y Claudia / restaurante
6. la profesora / médico
7. tus padres / centro
8. Mario / parque zoológico

Para aprender

If your partner asks a question about **tú y tus amigos,** answer in the **nosotros** form. If the question is for **tú,** answer in the **yo** form.

B. **¡La gente está muy ocupada!**   Work with a partner. Take turns asking where these people went.

> **MODELO**   biblioteca /cine
> **Estudiante 1:** *¿Adónde fue Beatriz ayer?*
> **Estudiante 2:** *Fue a la biblioteca.*

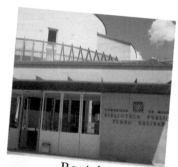
Beatriz

1. Carlos y Gonzalo

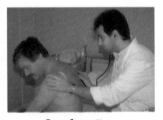
2. el señor

3. mi amiga

4. la familia de Eduardo

5. tú y tus amigos

6. tú

C. **¿Adónde fuiste anoche?**   Ask five classmates where they went last night. Record their answers on your activity master. Be prepared to report your findings to the class.

	Nombre	Nombre	Nombre	Nombre
a un restaurante	Luis	Carla		
al parque				
al cine	David			
a una fiesta				
a casa de un(a) amigo(a)				
a un partido de básquetbol				
al trabajo				
…				
…				

D. No, no me gusta..., prefiero... Work with a partner. Take turns asking if you like to do the following things. If you don't like to do something, tell something you prefer to do instead.

¿Qué piensas?

Look at the preterite endings for **-er** and **-ir** verbs below. What do you notice about them?

MODELO estudiar
Estudiante 1: *¿Te gusta estudiar?*
Estudiante 2: *Sí, me gusta estudiar.* O: *No, no me gusta estudiar. Prefiero ir al cine.*

1. estudiar
2. leer
3. hacer ejercicio
4. ir al cine
5. caminar por el parque
6. ver televisión
7. correr
8. alquilar vídeos
9. ir de compras

ESTRUCTURA

Talking about events and activities that took place in the past

Preterite tense of **-er** and **-ir** verbs

Yo **comí** en un restaurante anoche.	*I ate in a restaurant last night.*
Nosotros **escribimos** una carta ayer.	*We wrote a letter yesterday.*
Susana **no comprendió** la lección.	*Susana did not understand the lesson.*
¿Recibieron Uds. una invitación a la fiesta?	*Did you receive an invitation to the party?*
Ella **salió** de casa temprano ayer.	*She left home early yesterday.*

comer and vivir							
yo	-í	comí	viví	nosotros(as)	-imos	comimos	vivimos
tú	-iste	comiste	viviste	vosotros(as)	-isteis	comisteis	vivisteis
él ella Ud.	-ió	comió	vivió	ellos ellas Uds.	-ieron	comieron	vivieron

Here are some new **-er** and **-ir** verbs you can begin to use in the preterite!

perder *to lose*

salir con *to go out with*

volver *to return*

asistir a *to attend*

salir (de) *to leave (a place)*

122 *Quinta unidad* Tu tiempo libre

Aquí practicamos ◈◈◈◈◈◈◈

E. Ayer Di lo que tú y tus amigos hicieron ayer.

> **MODELO**   mis padres / salir
> *Mis padres salieron ayer.*

1. yo / comer pizza
2. mi amigo / escribir dos mensajes electrónicos
3. mis amigas / asistir a un partido
4. mi amiga y yo / correr dos millas
5. mis amigos y yo / ir al cine por la noche

F. El fin de semana Work with a partner. Take turns asking if you did the following things over the weekend.

> **MODELO**   comer en un restaurante
> **Estudiante 1:** *¿Comiste en un restaurante?*
> **Estudiante 2:** *Sí, comí en un restaurante.* o:
>   *No, no comí en un restaurante.*

1. aprender a hacer algo *(something)* nuevo
2. asistir a un concierto
3. perder algo
4. escribir un mensaje electrónico
5. discutir *(discuss)* un problema
6. recibir un regalo *(gift)*
7. correr un poco
8. comer en tu pizzería favorita
9. salir con un(a) amigo(a)
10. volver a casa tarde

G. Una tarde típica Escribe cómo pasaron tu compañero(a) y tú la tarde ayer.

MODELO salir
Salimos de la escuela.

1. tomar

2. estudiar

3. hablar

4. escuchar

5. salir

6. comprar

7. comer

8. mirar

9. escribir

10. beber

Aquí escuchamos

¿Qué hiciste anoche?   Olga and Esteban talk about what they did last night.

> **Antes de escuchar** Based on what you have been studying in this **etapa,** what do you think Olga and Esteban might say they did?

> **A escuchar** Listen twice to the conversation and pay special attention to the activities mentioned by each speaker.

> **Después de escuchar** On your activity master, check off what each person did last night, based on what you heard. You may want to listen to the cassette again.

	Olga	Esteban
caminar		
correr		
cenar con amigos		
escribir cartas		
estudiar		
hablar por teléfono		
leer		
mirar televisión		

¡ADELANTE!

A. ¿Qué hiciste el verano pasado?   Talk to five of your classmates. 1. Find out one place each person went to and one activity he or she did last summer. 2. Write down the answers. 3. Pick the most interesting place and activity and report them to the class.

B. La semana pasada   Write a note to a friend telling what you did and where you went last week. Write at least five things and at least two places.

As you begin this **etapa,** think about what you did last week.

1. Did you go to school every day?
2. Did you take part in any extracurricular activities?
3. Did you go out? Where?

Una semana típica

Elisabeth habla de lo que hizo la semana pasada.

El lunes, miércoles y viernes asistí a mi clase de ejercicio aeróbico. El martes y jueves fui a la piscina y nadé por una hora. El jueves por la noche estudié para un examen por dos horas. El viernes, después de mi clase de ejercicio aeróbico, cené con mi amigo Jay. Comimos pizza en un restaurante italiano. Después fuimos a un partido de fútbol del **equipo** de nuestra escuela. Nuestro equipo perdió.

equipo *team*

El sábado a la una fui de compras con mi amiga Amy. Por la noche, alquilé un vídeo. Invité a mis amigos a mi casa y miramos el vídeo. El domingo fui al centro con mi amigo Billy. Compré dos discos compactos nuevos. Volví a casa a las cinco y media, y cené con mis padres.

¡Te toca a ti! ◈◈◈◈◈◈◈◈◈

A. **¿Qué hizo Elisabeth?** Trabaja con un(a) compañero(a). Digan lo que hizo Elisabeth (página 126) cada día de la semana pasada. Comiencen con el lunes pasado: ¿Qué hizo Elisabeth el lunes pasado?

1. lunes	4. jueves	6. sábado
2. martes	5. viernes	7. domingo
3. miércoles		

B. **¿Qué hizo Marta la semana pasada?** Di lo que hizo Marta la semana pasada. Mira las ilustraciones.

> **MODELO** sábado
> *El sábado pasado Marta alquiló un vídeo.*

2. miércoles

3. sábado

4. domingo

1. viernes

5. lunes

6. jueves

7. martes

8. domingo

C. De vacaciones Imagine that you went on your ideal vacation last summer. Write a letter to a friend telling where you went and what you did. Write about at least six activities.

> **MODELO** *El verano pasado yo fui a... con mis... ¡Me gustó mucho! Nadé todos los días.*
> *También hice otras cosas, por ejemplo... Mis hermanos...*

D. ¿Qué hicieron? Mira las ilustraciones. Di lo que hicieron las personas y cuándo lo hicieron. Sigue el modelo.

> **MODELO** Martín y Catarina / el domingo por la tarde
> *Martín y Catarina corrieron el domingo por la tarde.*

1. Marisol y su hermano / el lunes por la mañana

2. Marirrosa y Juanita / el viernes por la noche

3. Juan / el miércoles por la tarde

NOTA GRAMATICAL

Talking about how long you did something

Use **por** to talk about how long you or others did something.

Estudié **por** dos horas.	*I studied for two hours.*
Corrió **por** veinte minutos.	*She ran for twenty minutes.*

Aquí practicamos

E. ¿Cuándo? Contesta las preguntas.

> **MODELO**
> ¿Cuándo hablaste con tu amigo(a)?
> *Hablé con María ayer.*
> ¿Por cuánto tiempo?
> *Por quince minutos.*

1. ¿Cuándo estudiaste español? ¿Por cuánto tiempo?
2. ¿Cuándo corriste o hiciste ejercicio? ¿Por cuánto tiempo?
3. ¿Cuándo hablaste con tu profesor(a) de español? ¿Por cuánto tiempo?
4. ¿Cuándo saliste de tu casa para ir a la escuela? ¿Por cuánto tiempo?

ESTRUCTURA

Talking about events and activities that took place in the past

Preterite of the verbs **andar**, **estar**, and **tener**

Yo **estuve** en casa de Pablo anteayer.	*I was at Paul's house the day before yesterday.*
—¿**Anduviste** tú por el parque ayer?	*Did you walk in the park yesterday?*
—Sí, yo **anduve** con mi amiga Paula.	*Yes, I walked with my friend Paula.*
Nosotros no **tuvimos** que estudiar anoche.	*We did not have to study last night.*

The verbs **andar, estar,** and **tener** are irregular in the preterite, but they all have the same endings.

	andar	**estar**	**tener**
yo	anduve	estuve	tuve
tú	anduviste	estuviste	tuviste
él ella Ud.	anduvo	estuvo	tuvo
nosotros(as)	anduvimos	estuvimos	tuvimos
vosotros(as)	anduvisteis	estuvisteis	tuvisteis
ellos ellas Uds.	anduvieron	estuvieron	tuvieron

Aquí practicamos

F. El sábado pasado Completa la historia con formas en pretérito de **andar, estar** o **tener**.

El sábado pasado mis amigos y yo fuimos al centro. Nosotros (1) _____ que ir a la papelería para comprar cosas para hacer un proyecto. Alex y Elena fueron en autobús pero como vivo cerca, yo (2) _____. Alex y Elena (3) _____ en el autobús por media hora pero yo (4) _____ en el camino solamente por veinte minutos. Todos llegamos al mediodía. Fuimos a la papelería. Alex no (5) _____ bastante dinero para comprar sus cosas. Yo (6) _____ que pagar. Entonces (7) _____ al parque. Nosotros (8) _____ allí por toda la tarde.

G. La semana pasada Ask several classmates the following questions. Have them 1) name three places where they were last week, 2) indicate three places they walked to, and 3) tell three things they had to do.

MODELO

Estudiante 1: *¿Dónde estuviste la semana pasada?*

Estudiante 2: *Estuve en la piscina el viernes por la tarde.*

Estudiante 3: *Estuve en el parque el domingo por la mañana.*

Estudiante 4: *Estuve en casa el martes por la noche.*

1. ¿Dónde estuviste la semana pasada?

2. ¿Adónde anduviste la semana pasada?

3. ¿Qué tuviste que hacer la semana pasada?

Aquí escuchamos

¿Qué hiciste este fin de semana? Olga and Juan talk about what they did over the weekend.

Antes de escuchar Think about what you did last weekend. Based on what you've learned in this **etapa,** what are some of the things you think that Olga and Juan might mention doing over the weekend?

 A escuchar Listen twice to the conversation between Olga and Juan before checking off on your activity master the activities that each of them did.

Después de escuchar On the chart on your activity master, check off each person's activities based on what you heard. You may want to listen to the cassette again.

	Olga	Juan
fue al parque		
fue a la piscina		
fue a la biblioteca		
fue a cenar en un restaurante		
fue a un concierto		
fue a una fiesta		
fue al gimnasio		
fue de compras		
fue al cine		
estudió		
descansó		

A. Intercambio   Work with a partner and talk about what each of you did last week, when, and for how long. Report your findings in a chart such as the one below. Possible activities include...

estudiar	asistir a un concierto
comprar	andar
hablar con amigos	ir de compras
comer	tener que hacer algo, etc.

MODELO

	Estudiante 1	Estudiante 2
lunes	estudió español por una hora	
martes		fue de compras por la tarde
miércoles		
jueves		habló con su hermano por 15 minutos
viernes	fue al cine por la noche	
sábado		miró un vídeo por dos horas
domingo	anduvo a casa de un amigo	

B. El fin de semana pasado   Make a list of six things that you did last weekend. Write a note to a Spanish-speaking friend, telling her or him what you did.

EN LÍNEA

Connect with the Spanish-speaking world! Access the **¡Ya verás!** *Gold* home page for Internet activities related to this chapter.

http://www.yaveras.heinle.com

VOCABULARIO

Para charlar

Para hablar de una acción en el pasado
anoche
anteayer
el año pasado
ayer
ayer por la mañana
ayer por la tarde
el fin de semana pasado
el jueves (sábado, etc.)
    pasado
la semana pasada
el mes pasado
por una hora (un día,
    tres años, cuatro
    meses, quince minu-
    tos, etc.)

Para hablar de las actividades
alquilar un vídeo
andar
asistir a
caminar
cenar
cocinar
desayunar
discutir
invitar
montar en bicicleta
nadar
pasar
perder
salir con
salir de
terminar
usar
visitar
vender
volver

Lugares adonde vamos
el concierto
el gimnasio
el parque zoológico

Otras palabras y expresiones
un equipo
hacer la cama
hacer ejercicio
hacer las maletas
hacer un mandado
hacer un viaje
nada
no hacer nada
un partido

ENCUENTROS CULTURALES

Tu tiempo libre

Antes de leer

1. Look at the title of the reading. What do you think it will be about?

2. What do you like to do during your free time? Name at least three activities (**¡en español, por supuesto!**).

3. Look at the photos on these pages. Do you do any of these activities?

4 de junio
Hola, me llamo Marta Barrios y soy de San Antonio, Texas. Me gustan los fines de semana. Este sábado me levanté a las diez de la mañana y fui a correr. Por la tarde fui a la casa de una amiga y escuchamos música. El domingo mi familia y yo visitamos a mis abuelos. Por la noche miré la televisión.

Me llamo Nora Nieves y vivo en Puerto Rico. Soy estudiante en el colegio. No tengo mucho tiempo libre. Cuando no estoy en clase, me gusta salir con mis amigas. Vamos de compras al centro comercial . También tomo una clase de escultura. El arte me fascina.

Soy Andrés Sandoval. Vivo en Buenos Aires, capital de la Argentina. Durante los fines de semana tengo mucho tiempo libre. A veces mis amigos y yo vamos al parque a jugar al fútbol° o a montar en bicicleta. Por la tarde, mis amigos y yo vamos al cine o a alguna fiesta en casa de unos amigos.

jugar al fútbol *to play soccer*

Después de leer

1. Review the following list of activities. Next, review the information given by Nora, Andrés and Marta. Which of them does these activities during their free time? Write who probably did each activity last week.

   MODELO   *Andrés montó en bicicleta la semana pasada.*

   a. ir a correr
   b. mirar la televisión
   c. escuchar música
   d. ir al cine

   e. hacer escultura
   f. ir al parque
   g. jugar al fútbol

2. Now write your own description of how you spend your free time. Include five or six activities. Find or draw a picture that illustrates one or more of your activities and give a brief presentation to the class.

Actividades deportivas

Can you think of some benefits of playing sports?

In this chapter you will learn to:

- ✪ talk about past activities and events
- ✪ talk about sports and leisure-time activities

El fútbol es un deporte muy popular en América Latina y en España.

As you begin this **etapa,** think about the sports you play.

Do you play sports just for fun? For exercise?

Los deportes

Esteban y Alberto hablan de los deportes que practican.

Esteban: ¡Hola! ¿Adónde vas?

Alberto: Voy a jugar al fútbol.

Esteban: ¿Estás en algún equipo?

Alberto: Sí, estoy en el equipo de nuestra escuela.

Esteban: ¿Vas a practicar?

Alberto: Sí, tengo que practicar los lunes, martes, miércoles y jueves.

Esteban: ¿Cuándo son los partidos?

Alberto: Los partidos son los viernes por la noche. Y tú, ¿estás en algún equipo?

Esteban: No. Me gusta mucho jugar al **baloncesto,** pero no estoy en un equipo. Sólo juego para hacer ejercicio.

hacer ejercicios aeróbicos

baloncesto *basketball*

jugar al baloncesto

jugar al béisbol

jugar al fútbol

jugar al fútbol americano

jugar al golf

jugar al hockey

jugar al hockey sobre hierba

jugar al tenis

jugar al vólibol

levantar pesas

montar en bicicleta

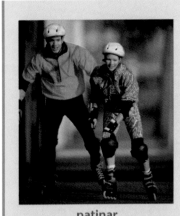

patinar   patinar sobre hielo   andar en patinete

¡Te toca a ti!

A. ¿Qué deportes te gustan?   Trabaja con un(a) compañero(a). Considera los deportes en las páginas 138-139. Pregunta a tu compañero(a) si le gusta cada uno.

> **MODELO**   montar en bicicleta
> **Estudiante 1:** *¿Te gusta montar en bicicleta?*
> **Estudiante 2:** *Sí, me gusta montar en bicicleta. ¿Y a ti?* o: *No, no me gusta montar en bicicleta.* o, *No sé.* (I don't know.) *No tengo experiencia con esa actividad.*

B. ¿Qué prefieres?   Work with a partner. Choose pairs of sports and take turns asking which of the two you prefer.

> **MODELO**   jugar al tenis / montar en bicicleta
> **Estudiante 1:** *¿Cuál prefieres: jugar al tenis o montar en bicicleta.*
> **Estudiante 2:** *Prefiero montar en bicicleta.* o: *No sé. No tengo experiencia con esas actividades.*

C. ¿Qué deporte te gusta más?   1. List your three favorite sports. 2. Then, circulate among your classmates, looking for people who share your interests. 3. When you find someone who likes what you do, decide on whether you want to arrange a time that you can do it together.

Estudiante 1: *¿Qué deporte te gusta, Juana?*
Estudiante 2: *Me gusta jugar al vólibol.*
Estudiante 1: *¿No te gusta nadar?*
Estudiante 2: *Sí, me gusta mucho nadar.*
¿Y a ti?
Estudiante 1: *¡Claro que sí! ¿Quieres ir a la*
piscina con mi hermana y yo?
Estudiante 2: *¿Cuándo van Uds.?*
Estudiante 1: *El sábado próximo por la tarde.*
Estudiante 2: *¡Qué buena idea! o: No, no*
puedo ir el sábado. ¿Pueden
Uds. ir el domingo?
Estudiante 1: *Sí, cómo no.*

D. ¡Preguntas y más preguntas! Trabaja con un(a) compañero(a). Hazle las preguntas que siguen. Escribe sus comentarios para informar a la clase.

MODELO ¿Escuchaste la radio el pasado domingo?
Estudiante 1: *Elsa, ¿escuchaste la radio el*
pasado domingo?
Estudiante 2: *No, no escuché la radio.*
Estudiante 1: **(a la clase)** *Elsa no escuchó*
la radio.

1. ¿Qué hiciste el viernes pasado?

2. ¿Estuviste en la escuela el sábado pasado?

3. ¿Viste un programa de televisión el sábado por la noche? ¿Te gustó?

4. ¿Hablaste por teléfono con alguien? ¿Con quién? ¿Cuándo?

5. ¿Tuviste que hacer algo el domingo pasado?

6. ¿Caminaste al centro con tus amigos?

7. ¿Tuviste que estudiar el domingo?

8. ¿Comiste algo delicioso? ¿Dónde?

ESTRUCTURA

Talking about how long ago you did something

—¿**Cuánto hace que compraste** el disco compacto?

How long ago did you buy the CD?

—**Hace dos semanas que compré** el disco compacto.

I bought the CD two weeks ago.

Note that you can also express the last sentence in a different order.

Compré el disco compacto **hace dos semanas.**

Aquí practicamos

E. ¿Cuánto hace? Di cuánto hace que hiciste estas actividades.

> **MODELO** visitar a los abuelos
> *Hace dos semanas que visité a los abuelos.*

1. ir al cine
2. comprar ropa *(clothes)*
3. montar en bicicleta
4. recibir un mensaje electrónico
5. ir a la biblioteca
6. comer en un restaurante
7. hacer algo muy divertido (¿qué?)
8. ir a casa de un(a) amigo(a)

F. En el pasado Work with a partner. Take turns asking and answering how long ago Alicia did these activities.

> **MODELO** hablar con su primo / 2 horas
> **Estudiante 1:** *¿Cuánto hace que habló Alicia con su primo?*
> **Estudiante 2:** *Habló con él hace 2 horas.*

1. vivir en Indiana / 10 años

2. estudiar francés / 2 años

3. comprar la bicicleta / 3 meses

4. recibir la carta de Ana / 5 días

5. comer en un restaurante / 2 semanas

6. ir al cine / 3 semanas

G. ¿Cuánto hace que...? Trabaja con un(a) compañero(a). Pregúntale cuándo hizo estas actividades.

MODELO   **Estudiante 1:** *¿Cuánto hace que patinaste?*
Estudiante 2: *Hace un año que patiné.*

1.

2.

3.

4.

5.

6.

7.

8.

ESTRUCTURA

Talking about things you did in the past

Note the spelling of the **yo** forms of verbs ending in **-gar** in the preterite.

—A qué hora **llegaste** a la
  escuela ayer?

*What time did you arrive at school
  yesterday?*

—**Llegué** a las ocho de la mañana.

I arrived at eight o'clock in the morning.

—¿**Jugaron al** tenis tú y Julián el
  domingo pasado?

*Did you and Julián play tennis
  last Sunday?*

—Yo **jugué,** pero Julián no **jugó.**

I played, but Julián did not play.

—¿Cuánto **pagaste** por la bicicleta?

How much did you pay for the bicycle?

—Yo **pagué** 150 dólares.

I paid 150 dollars.

llegar			
yo	**llegué**	nosotros(as)	**llegamos**
tú	**llegaste**	vosotros(as)	**llegasteis**
él ella Ud.	**llegó**	ellos ellas Uds.	**llegaron**

Aquí practicamos

¿Qué piensas?

Why do you
think the **g** in the
stem changes to
gu in the preterit
yo form of these
verbs? Hint: What
sound does the
Spanish **g** make
when followed by
e and **i?**

H. El partido de fútbol   Completa la historia con
formas de **pagar, llegar** o **jugar.**

El sábado pasado, mi equipo de fútbol _____ (1) en el
estadio. Mis padres _____ (2) cuatro dólares para entrar. Yo
no _____ (3) nada porque _____ (4) en el partido. El
partido empezó a las tres y yo _____ (5) al estadio a las dos
y media. ¡El otro equipo _____ (6) tarde!

I.   ¿Cuánto pagaste por...?   Ask four classmates how
much they paid for things they bought recently. For
example: **una mochila, un disco compacto, una
pizza, una revista, un refresco...**

MODELO   **Estudiante 1:** *¿Cuánto pagaste por tu
                                    mochila?*
            Estudiante 2: *Pagué veinte dólares.*

Aquí escuchamos

Los deportes   Sonia and Mari run into each other after school and they talk briefly.

> **Antes de escuchar** Think about the sports activities that you and/or your classmates participate in after school. Then answer the following questions.
>
> 1. What do you think Sonia and Mari might talk about?
> 2. Where do you think they might be going after school?
>
> **A escuchar** Listen twice to the conversation before answering the questions about it that follow.
>
> **Después de escuchar** Answer the following questions based on what you heard. You may want to listen to the cassette again.
>
> 1. What team is Sonia on?
> 2. Why is she tired?
> 3. When is the big game?
> 4. Where is Mari going?
> 5. Is she going there early or late?

¡ADELANTE!

A. ¿Qué compraste? 1. Work with a partner. Take turns asking how long ago you went to a store, what you bought, and how much you paid for it. Record your findings in a chart like the one that follows. 2. Your teacher will provide words you don't know or will ask you to use the dictionary. 3. Your teacher will then record everyone's responses on the board to determine the most popular purchases and price ranges.

nombre	¿Cuántos hace...?	¿Qué compró?	¿Cuánto pagó?
Laura	2 días		
Dora		unos jeans	$19
		un disco compacto	

B. Querido... Imagine you have a Spanish-speaking pen-pal who wants to know what sports are popular in the United States and which ones you like. Write a note to him or her.

1. Name some popular sports.

2. Tell which ones you prefer.

3. In a second paragraph, tell whether you are on a team, if you participate in competitions, or if you prefer to do sports for exercise.

4. Tell some details about a sport that you play, when you last participated in it, and where.

SEGUNDA ETAPA

As you begin this **etapa,** think about sports or activities you like to do in the summer.

1. Do you live close to the ocean or a lake?
2. Do you go to a pool to swim?
3. Do you like to go biking?

Deportes de verano

Durante el verano, puedes practicar muchos deportes divertidos.

practicar el esquí acuático

practicar el surfing

tomar el sol

practicar el windsurf

practicar la navegación a vela

ir de camping

la natación / nadar

practicar el alpinismo

la pesca / ir de pesca

practicar el ciclismo

el buceo / bucear

caminar en la playa

¡Te toca a ti!

A. **¿Qué deportes de verano te gustan?** Trabaja con un(a) compañero(a). Miren los deportes de verano en las páginas 147-148. Pregunta a tu compañero(a) si le gusta cada uno.

> **MODELO** ir de camping
> **Estudiante 1:** *¿Te gusta ir de camping?*
> **Estudiante 2:** *Sí, me gusta ir de camping. ¿Y a ti?* o: *No, no me gusta ir de camping.* o: *No sé. No tengo experiencia con esa actividad.*

B. ¿Qué prefieres? Now choose pairs of summer sports and ask your partner which of the two he or she prefers.

MODELO practicar el surfing / tomar el sol
Estudiante 1: *¿Cuál prefieres: practicar el surfing o tomar el sol?*
Estudiante 2: *Prefiero tomar el sol. ¿Y tú?* o: *No sé. No tengo experiencia con esas actividades.*

C. ¿Qué hacen? ¿Puedes decir lo que hacen estos deportistas?

MODELO Julián
Julián practica el esquí acuático.

1. Isabel

2. Juan

3. Mario y Julia

4. Elena

5. Pedro

6. Esteban y Roberto

7. Tomás y Laura

8. Regina

D. ¿Qué actividad de verano te gusta? Work with a partner to compare your opinions about summer sports.

1. On your activity master, indicate your opinion of each activity in the left column, using the numbers on this scale to indicate how much you like each one.

> no o "No tengo experiencia con esa actividad" = 0
> un poco = 1, bastante = 2, mucho = 3, muchísimo = 4

2. Then, interview your partner, writing the appropriate number to indicate his (her) preferences in the right column.

MODELO **Estudiante 1:** *¿Te gusta practicar el surfing?*
Estudiante 2: *No, no me gusta practicar el surfing, pero me gusta mucho caminar en la playa.*

3. Finally, summarize your findings.

MODELO *A los (las) dos nos gusta tomar el sol y nadar.*
No nos gusta ir de pesca.
No tenemos experiencia con el windsurf.

Yo	Actividad	Mi amigo(a)
3	practicar el surfing	0
2	tomar el sol	3
	caminar en la playa	
	practicar el esquí acuático	
	ir de pesca	
4	nadar	3
	practicar la navegación a vela	
	ir de camping	
	practicar el ciclismo	
0	practicar el windsurf	0
	bucear	
	jugar al golf	
	jugar al tenis	

E. ¿Qué hizo Esteban ayer? Di lo que Esteban hizo ayer.

MODELO *Ayer Esteban anduvo al parque.*

1. llegar

2. jugar

3. comprar

4. pagar

5. volver

F. ¿Qué hiciste tú ayer? Imagina que tú hiciste las mismas actividades que hizo Esteban (de la actividad E). Di lo que tú hiciste ayer.

G. ¿Cuánto hace que...? Ask several classmates when they last did certain activities. For example, ask how long ago they played a sport, ate out, walked in the park, etc.? Take notes and be prepared to report to the class.

ESTRUCTURA

Talking about past activities

The preterite of verbs ending in **-car**

Pay attention to the spelling of the **yo** forms in these verbs.

—¿Quién **buscó** el libro?   *Who looked for the book?*

—Yo **busqué** el libro.   *I looked for the book.*

—¿**Tocó** Julián la guitarra en la fiesta anoche?   *Did Julián play the guitar at the party last night?*

—No, yo **toqué** la guitarra anoche.   *No, I played the guitar last night.*

¿Qué piensas?

Why do you think the **c** in the stem changes to **qu** in the preterite **yo** form of these verbs? Hint: What sound does the Spanish **c** make when followed by **e** and **i**?

buscar			
yo	**busqué**	nosotros(as)	**buscamos**
tú	**buscaste**	vosotros(as)	**buscasteis**
él ella Ud.	**buscó**	ellos ellas Uds.	**buscaron**

Verbs ending in **-car**

buscar   **practicar**   **sacar** *(to take out)*   **tocar**

Aquí practicamos

H. ¿Qué hicieron? Choose which verb (**practicar, sacar** [*to take out*]**, buscar,** or **tocar**) best completes each sentence and use it in the preterite.

> **MODELO**   Ayer por la tarde mi hermano _____ el fútbol por una hora.
> *Ayer por la tarde mi hermano practicó el fútbol por una hora.*

1. El año pasado, ¿_____tú buenas notas en la clase de inglés?

2. Anoche yo ____ el piano por una hora porque hay un concierto mañana.

3. El verano pasado mis amigos _____ el windsurf.

4. Yo _____ el esquí acuático.

5. Jorge _____ su libro en el estante.

6. Roberto y yo _____ unas novelas nuevas de la biblioteca.

7. El equipo de béisbol jugó mal el sábado pasado. ¿Es que no _____?

8. Yo _____ un lápiz en mi mochila para la clase de español.

I. **Deportes** Trabaja con un(a) compañero(a). Pregúntale si practicó estos deportes el verano pasado o en otra ocasión.

> **MODELO** el windsurf
> **Estudiante 1:** *¿Practicaste el windsurf el verano pasado?*
> **Estudiante 2:** *Sí, practiqué el windsurf. ¿Y tú?*
> o: *No, no practiqué el windsurf.*

1. el buceo
2. el surfing
3. el esquí acuático
4. la navegación a vela
5. el alpinismo
6. el ciclismo

PALABRAS ÚTILES

Talking about a series of actions

When talking about a series of actions, you will help your listener follow you if you order the actions using words such as these.

primero	*first*
entonces, luego	*then*
por fin, finalmente	*finally*

Primero, yo estudié en la biblioteca. **Entonces,** caminé al parque y visité a un amigo. **Por fin,** volví a casa.

¿Te acuerdas?

Adverbs can tell how or when an action occurred. **Primero, entonces, luego, por fin** and **finalmente** are adverbs.

Aquí practicamos ◈◈◈◈◈◈

J. ¿Qué hizo Felipe? Use the words in parentheses to tell in what order Felipe did various activities.

> **MODELO** Felipe tomó el autobús al centro. (el domingo pasado)
> *El domingo pasado, Felipe tomó el autobús al centro.*

1. Comió en un restaurante. (primero)

2. Compró un disco compacto. (entonces)

3. Visitó a una amiga en el parque. (luego)

4. Volvió a su casa a las 5:00 de la tarde. (finalmente)

Now tell what Felipe did last Saturday.

> **MODELO** Felipe fue a la playa. (el sábado pasado)
> *El sábado pasado, Felipe fue a la playa.*

5. Practicó el windsurf. (primero)

6. Nadó en el mar. (entonces)

7. Tomó el sol. (luego)

8. Caminó a casa. (finalmente)

K. ¿Qué hicieron? 1. Write three sentences in the past (preterite) for each item. 2. Use the pronoun listed. 3. Link your sentences with sequence words and use appropriate verbs.

> **MODELO** nosotros: piscina / en casa / programa de televisión
> *Primero, fuimos a la piscina. Entonces, estudiamos en casa. Finalmente, miramos un programa de televisión.*

1. ellos: escuela / sándwich / televisión

2. yo: biblioteca / centro / disco compacto

3. nosotros: casa / jugo de naranja / estéreo

4. ella: café y pan tostado / autobús / un amigo

5. él: sándwich de jamón y queso / metro / centro

Aquí escuchamos ◈◈◈◈◈◈◈

¡Qué bien lo pasaste!   Roberto tells Felipe about his weekend at the beach.

> **Antes de escuchar** Have you been to the beach before? Based on what you have learned in this **etapa,** what activities do you think Felipe might have done there?

 A escuchar Listen twice to the conversation between Roberto and Felipe. Pay attention to the order of Roberto's activities and indicate the order on your activity master.

> **Después de escuchar** On your activity master, write numbers next to the activities Roberto mentions to indicate the order in which he did them. You may want to listen to the cassette again.

__bucear	__nadar
__caminar en la playa	__practicar el windsurf
__cenar	__tomar el sol

¡ADELANTE!

A. El verano pasado   Work with a partner. Pretend that you both were very busy last summer. Think of all your activities in the order in which you did them. Use time expressions to sequence them. Talk about at least five activities each.

B. Durante las vacaciones...   Write a paragraph about a person your age that had an ideal summer last year. Tell what the person did, including at least five activities. Use time expressions to order the activities. You may want to illustrate your story!

EN LÍNEA

Connect with the
Spanish-speaking world!
Access the **¡Ya verás!** *Gold* home page for
Internet activities related to this chapter.

http://www.yaveras.heinle.com

VOCABULARIO

Para charlar

Para hablar de una serie de acciones
entonces
finalmente
luego
primero
por fin

Para hablar del tiempo
un minuto
una hora
un día
una semana
un mes
un año

Temas y contextos

Deportes
andar en patinete
el buceo / bucear
caminar en la playa
ir de camping
hacer ejercicio aeróbico
jugar...
   al baloncesto
   al golf
   al hockey
   al hockey sobre hierba
levantar pesas
la natación / nadar
patinar
patinar sobre hielo
la pesca / ir de pesca
practicar...
   el alpinismo
   el ciclismo
   el esquí acuático
   el surfing
   la navegación a vela
   el windsurf
tomar el sol

Expresiones
¿Cuánto hace que...?
Hace...

ENCUENTROS CULTURALES

Una página de "surfing" latinoamericano

Antes de leer

Reading Strategies

- pre-reading activities
- guessing text functions
- skimming
- scanning

1. Look at the reading on the next page. Where did it come from?

2. Scan the reading to find the names of four countries.

3. Do you know anything about surfing? If yes, compare what you know with information in the reading. If not, do research.

Guía para la lectura

1. Here are some words and expressions to help you understand the reading.

   punto   *spot, point—here it refers to a good surfing location*

   oleaje   *surf, breaking waves*

   tablas   *surf boards*

2. Notice the different Spanish versions of the English word *surfing*: **surfear**, **surfing**, **surfeo**.

Después de leer

1. Browsing the Internet is commonly known as "surfing." Can you explain why?

2. If you wanted to go surfing, which of the sites mentioned in the reading would you visit? Explain your response.

3. Go to the library, media center, or your own computer and search for information on surfing or any other recreational activity.

El Salvador: "punto" desconocido

Muchos saben que las **playas de Costa Rica** son un excelente lugar para **"surfear"**. En El Salvador también hay estupendos lugares para practicar este deporte. Hay varios lugares muy buenos para "surfear" a lo largo de la costa. El mejor **oleaje** lo ofrece **La Libertad,** una popular área turística al sur de San Salvador. Allí vas a encontrar muchas personas con sus **tablas**. Además hay muchos restaurantes y hoteles.

Otros dos puntos para visitar son Costa del Sol y El Cuco

"Surfea" en el Uruguay

Todo el mundo ha oído hablar de Australia y Hawaii, pero pocos saben que el Uruguay ofrece algunos de los mejores puntos para "surfear" en el mundo. Aquí tienen algunas sugerencias para un viaje de **"surfeo"** uruguayo: **Punta del Este/José Ignacio/Santa Teresa**

Algunas recomendaciones para tu viaje de **"surfing"** a Punta del Este:

a. El aereopuerto principal se llama Aereopuerto Internacional Carrasco. Punta del Este está situada a 100 millas del aereopuerto. Para llegar, puedes tomar el autobús o alquilar un automóvil.

b. Si necesitas comprar equipo para "surfear", visita la playa de La Olla. Aquí está la tienda de equipo de "surfing" más grande de Sudamérica—la tienda Valle del Sol de artículos deportivos.

c. Por último: ¡Es importante viajar durante la temporada de invierno— de octubre a diciembre—cuando el océano es más agresivo!

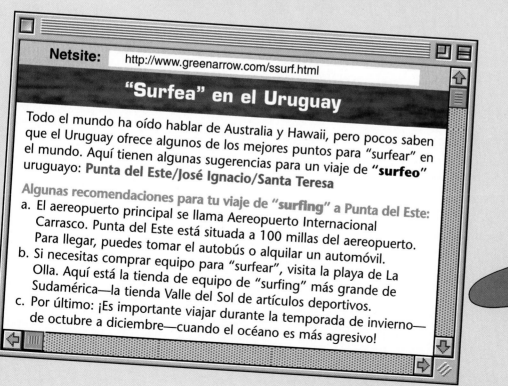

Dos deportes populares

1. Do you play sports?
2. Can you name any famous players?
3. If you're not a sports fan, what activities do you enjoy? Why?

In this chapter you will learn to:

⚙ talk about actions in the past, present, and future

⚙ talk more about sports

Es muy divertido ver un juego de béisbol, pero para mí es mejor jugarlo.

This **etapa** begins with a short reading about a sport that is very popular in several Latin American countries.

1. Think about the importance given to sports in the United States.

2. When you think about sports in Latin America, what do you think of?

El béisbol

El béisbol es un deporte muy popular en el Caribe.

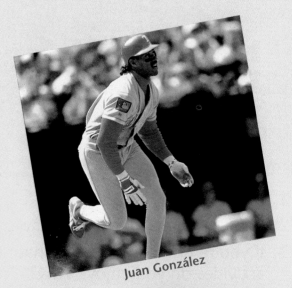

Juan González

Raúl Mondesi

Sandy Alomar

Sammy Sosa

El béisbol es el deporte nacional de los Estados Unidos. También es muy popular en varios países del mundo hispano, principalmente Cuba y la República Dominicana. En Canadá no es tan popular, pero hay dos equipos en las **ligas** mayores —un equipo en Montreal y otro en Toronto. El deporte también es muy popular en México, Puerto Rico, las naciones de Centroamérica, Venezuela y Colombia. También se juega en el Japón, Taiwan y en Corea del Sur.

Hay muchos beisbolistas de origen hispano que juegan en las ligas mayores. Por ejemplo, Juan González de los Texas Rangers, Sammy Sosa de los Chicago Cubs, Raúl Mondesi de los Los Angeles Dodgers y Sandy Alomar de los Cleveland Indians. Hay ciertas **cualidades** que todos estos beisbolistas tienen en común: fuerza física, rapidez, **reflejos** rápidos. **Lanzar** la pelota y **golpearla** con el bate son actividades que requieren mucha práctica y preparación. ¿Te gusta el béisbol? ¿Cuál es tu equipo favorito?

¡Te toca a ti!

A. Estudio de palabras What do you think the following words in boldface in the reading mean?

1. ligas
2. cualidades
3. reflejos
4. lanzar
5. golpear

B. ¿Cierto o falso? Escribe **C** o **F** para las frases siguientes. Si alguna frase es falsa, haz la corrección.

1. El béisbol es un deporte popular en varios países hispanos.
2. El béisbol no es popular en los Estados Unidos.
3. Se juega el béisbol en el Japón.

4. No es importante tener reflejos rápidos para jugar bien el béisbol.

5. Hay diez miembros en un equipo de béisbol.

6. Se usa un bate y una pelota para jugar el béisbol.

C. ¿Qué hizo Alicia ayer?

Di lo que hizo Alicia por la tarde.

MODELO *Alicia salió de la escuela a las seis y diez.*

salir de

1. primero / sacar

2. practicar

3. llegar

4. entonces / practicar

5. luego / cenar

6. finalmente / mirar

D. Y tú, ¿qué hiciste? Imagina que tú hiciste las mismas actividades que hizo Alicia (actividad C). Di lo que tú hiciste.

ESTRUCTURA

Talking about what you and others are doing at this very moment

The present progressive tense

—¿Qué **están haciendo** Uds. ahora mismo? | *What are you doing right now?*

—Mi madre **está escribiendo** una carta. | *My mother is writing a letter.*

—Yo **estoy hablando** con mi amigo. | *I am talking with my friend.*

—Mis hermanos **están estudiando.** | *My brothers are studying.*

—¿Qué **estás haciendo** tú? | *What are you doing?*

> Verb *tenses* show when an action occurs (present, past, and future). So far, you have used the present and preterite (past) tenses in Spanish.

To tell what you and others are doing right now, you use two words. The first is a personal form of **estar** (**estoy, estás, está,** etc.). The second ends in either **-ando** (for **-ar** verbs) or **-iendo** (for **-er** and **-ir** verbs).

estar + nad**ando,** corr**iendo,** sal**iendo**

The present progressives of **dormir** (*to sleep*) and **leer** are irregular.

estar + **durmiendo, leyendo**

Mi amiga **está cantando.** | *My friend is singing.*
Yo **estoy aprendiendo** a bailar. | *I'm learning how to dance.*
¿**Estás leyendo o durmiendo?** | *Are you reading or sleeping?*

Aquí practicamos

E. Ahora mismo Di o adivina (*guess*) lo que estas personas están haciendo (o no están haciendo) en este momento.

MODELO
Ahora mismo estoy escribiendo.
Ahora mismo Alberto no está escuchando.
Ahora mismo la Srta. Howard está hablando con Alberto.

1. tú
2. tus compañeros(as)
3. tu profesor(a)
4. tu mamá (papá)
5. tu amigo(a)

F. ¿Qué están haciendo? ¿Qué están haciendo en este momento estas personas?

1. Jaime

2. Julia

3. Marirrosa y Juan

4. Alberto

5. Carmen y Cristina

6. Juanito

G. ¿Sí o no? With a partner, take turns asking and answering questions about the pictures in Activity F.

MODELO

Estudiante 1: *¿Está comiendo Julia?*
Estudiante 2: *Julia no está comiendo.*
Alberto está comiendo.
Estudiante 1: *¿Está bebiendo Juanito?*
Estudiante 2: *Sí, está bebiendo.*

Aquí escuchamos

¿Vienes a la fiesta? Marta calls Luis to tell him that she can't come to a party that Luis is hosting.

Antes de escuchar How do you think Marta might ask Luis about what her friends are doing? How might he describe what everyone is doing?

A escuchar Listen twice to the phone conversation between Marta and Luis. Pay special attention to the activities that Luis says each person is doing.

Después de escuchar On your activity master, indicate who is doing what by writing the name of the person next to the appropriate activity on the list.

____ está bailando.	____ está mirando la televisión.
____ está cantando.	____ se está preparando.
____ está comiendo.	____ está tocando la guitarra.
____ está leyendo.	____ está trabajando.

¡ADELANTE!

A. En este momento Think about four people whose daily schedules are familiar to you (parents, brothers, sisters, friends, etc.). Guess where they are and what they are doing right now.

> **MODELO** *Ahora mi madre está trabajando. Está en casa.*

B. ¿Qué están haciendo? 1. Look at the picture. Write at least six sentences telling what the people are doing. Identify a different activity in each of your sentences. 2. Then, expand on your sentences to write a short paragraph about the entire scene.

> **MODELO** *Hoy es domingo y hay muchas personas en el parque. Están haciendo muchas cosas. Por ejemplo, una mujer está…*

SEGUNDA ETAPA

1. Have you ever watched a tennis match on television?
2. Can you name any famous tennis players? Are any of your friends good players?

El tenis

Hay muchas tenistas hispanas de mucho talento.

Mary Joe Fernández

Gabriela Sabatini

Conchita Martínez

El tenis requiere **agilidad** y control del cuerpo, pero no gran fuerza. Por eso es un deporte que pueden jugar personas de **diversas** edades y condiciones físicas. Al nivel profesional, se necesita una combinación de **habilidad,** buena técnica y una excelente condición física.

Arantxa Sánchez Vicario

Entre las mejores tenistas femeninas del mundo, hay un grupo de hispanas: Gabriela Sabatini de Argentina, Mary Joe Fernández de los Estados Unidos, Arantxa Sánchez Vicario y Conchita Martínez de España. Todas juegan en los grandes **torneos** que se celebran en Inglaterra, Francia y los Estados Unidos. En 1994, Conchita ganó el prestigioso torneo de Wimbledon y Arantxa ganó el U.S. Open y el French Open. Arantxa es tan popular en España que tiene que vivir en Andorra, un pequeño país entre Francia y España, para **evitar** a los **admiradores** y periodistas. ¿Te gusta el tenis? ¿Te gusta jugarlo o verlo? ¿Quién es tu tenista favorita?

Te toca a ti!

A. Estudio de palabras   Can you guess the meaning of the following words from the reading?

1. agilidad
2. diversas
3. habilidad
4. torneos
5. evitar
6. admiradores

B. ¿Cierto o falso?   Escribe **C** o **F** para las frases siguientes. Si alguna frase es falsa, haz la corrección.

1. No hay tenistas hispanos.
2. El tenis requiere gran fuerza.
3. Personas de diversas edades y condiciones físicas pueden jugar al tenis.

4. Los tenistas profesionales necesitan habilidad, buena técnica y una excelente condición física.

5. Hay un grupo de hispanas que son entre las mejores tenistas femeninas.

6. Arantxa es un país pequeño entre Francia y España.

C. En este momento... Di lo que están haciendo en este momento estas personas.

MODELO *Roberto está hablando por teléfono.*

Roberto

1. Esteban y Carmen

2. Marirrosa y su amigo

3. Carlos

4. Cristina

5. José y Patricio

6. mi papá

D. ¿Y ayer? Ahora di que las personas de la actividad C también hicieron las mismas actividades ayer.

> **MODELO** *Roberto también habló por teléfono ayer.*

ESTRUCTURA

Review: Talking about events in the past, present, and future time

hablar
  pasado: Ayer **hablé** por teléfono con mi abuelo.
  presente: Hoy **hablo** con mis amigos en la escuela.
  progresivo: Ahora mismo **estoy hablando** con mi amigo.
  futuro: Más tarde **voy a hablar** con mi profesor.

comer
  pasado: Esta tarde el estudiante **comió** en la cafetería.
  presente: **Come** en el Café Hermoso los viernes por la tarde.
  progresivo: **Está comiendo** en casa ahora mismo.
  futuro: **Va a comer** en un restaurante mañana.

salir
  pasado: La semana pasada **salimos** con nuestros primos.
  presente: Cada mes, **salimos** con nuestra madre.
  progresivo: En este momento **estamos saliendo** con toda la familia.
  futuro: La semana próxima **vamos a salir** con nuestros amigos.

Aquí practicamos

E. ¡Qué ocupado estoy! Contesta estas preguntas sobre tus actividades.

1. ¿Adónde viajas durante el verano? ¿Qué lugar especial visitaste el año pasado? ¿Vas a hacer un viaje el año próximo?

2. ¿A qué hora desayunas todos los días? ¿Qué desayunaste ayer por la mañana? ¿Qué vas a desayunar la semana próxima?

3. ¿Qué programa de televisión ves todas las semanas? ¿Qué programas viste la semana pasada? ¿Qué programa vas a ver mañana por la noche?

4. ¿Con quién hablas por teléfono frecuentemente? ¿Hablaste con esa persona ayer? ¿De qué hablaron?

F. De costumbre...

For each picture, tell what the people do normally **(de costumbre)**, what they did in the past, and what they will do in the future.

> **MODELO**
>
> ¿Qué hace José Luis durante las vacaciones de verano?
>
> *De costumbre escucha música. Pero el año pasado estuvo en la playa. Y el año próximo piensa viajar a México.*

de costumbre

el año pasado

el año próximo

1. ¿Qué hace Vera durante el fin de semana?

de costumbre

el fin de semana pasado

el fin de semana próximo

2. ¿A qué hora llega Marcos a la escuela?

de costumbre

anteayer

el viernes próximo

3. ¿Qué hace Óscar los viernes?

de costumbre

el viernes pasado

el viernes próximo

Aquí escuchamos

¿Para qué vas al centro?   Isabel invites Pedro to go downtown.

Antes de escuchar How do you think Isabel might invite Pedro to go downtown? How might Pedro say he can or can't accompany her?

 A escuchar Listen twice to the conversation between Isabel and Pedro before answering the questions about it that follow.

Después de escuchar Answer the following questions based on what you heard.

1. Why does Isabel want to go downtown?
2. When does Isabel want to go?
3. Why can't Pedro go tomorrow afternoon?
4. When do they decide to go?

¡ADELANTE!

A. ¡Cuéntame!   Work with a partner. Take turns asking and answering these questions about your activities.

1. ¿Dónde estudias, generalmente? ¿Estudiaste allí anoche? ¿Piensas estudiar allí esta noche?
2. ¿Vas mucho al cine? ¿Fuiste al cine la semana pasada? ¿Esperas ir al cine hoy?
3. ¿Cómo llegas a la escuela? ¿En autobús? ¿A pie? ¿En coche? ¿En taxi? ¿Cómo llegaste hoy? ¿Cómo piensas llegar el año próximo?

B. Los fines de semana   You have just received an e-mail from a Spanish-speaking friend. She asks about how you spend your weekends. Write back telling (1) three things that you do in a typical weekend, (2) three things that you did last weekend, and (3) three activities that you plan to do next weekend.

EN LÍNEA

Connect with the
Spanish-speaking world!
Access the *¡Ya verás! Gold* home page for
Internet activities related to this chapter.

http://www.yaveras.heinle.com

VOCABULARIO

Para charlar

Para hablar de acciones en el futuro

esperar + *infinitive*
ir a + *infinitive*
pensar + *infinitive*
querer + *infinitive*
quisiera + *infinitive*
tener ganas de + *infinitive*

Para hablar de acciones que están pasando ahora

ahora
ahora mismo
en este momento

Vocabulario general

Otras palabras y expresiones

de costumbre
dormir
durante las vacaciones

ENCUENTROS CULTURALES

Un héroe de la República Dominicana

Reading Strategies

- pre-reading activities
- guessing text function
- predicting
- skimming

Antes de leer

1. Look at the pictures that accompany the reading. What sport does this person play?

2. Look at the title. Where is this athlete from? Locate his country on the map on page xiv.

3. Scan the reading for the names of two baseball teams from the United States.

Guía para la lectura

Here are some words to help you understand the reading.

logros	*achievements*
firmó	*signed*
rompió	*broke*
jonrones	*homeruns*

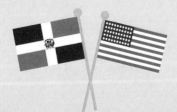

Sammy Sosa

Muchos jugadores en la historia del béisbol son famosos no sólo por sus **logros** atléticos, sino por su interés en ayudar a su comunidad. Sammy Sosa es un jugador latinoamericano muy popular.

Samuel Sosa Peralta nació en San Pedro de Macorís, República Dominicana en 1968 (mil novecientos sesenta y ocho).

A los 17 años **firmó** su contrato para jugar al béisbol profesional con los Texas Rangers. Comenzó en las grandes ligas el 16 de junio de 1989 (mil novecientos ochenta y nueve) con los Chicago White Sox. En 1998 (mil novecientos noventa y ocho), **rompió** el récord de **jonrones** en las Ligas Mayores, al

sumar 20 en un solo mes, en junio. El mismo año fue nombrado el jugador más valioso (*Most Valuable Player*).

Sammy Sosa hace mucho para ayudar a su comunidad no sólo en los Estados Unidos sino en su patria, la República Dominicana. En 1998 donó 40 computadoras por cada uno de sus jonrones a las escuelas de ese país. También tiene una fundación llamada *The Sammy Sosa Foundation*. Este programa ayuda a niños necesitados en todas partes de los Estados Unidos y también en la República Dominicana. Además, organizó un programa para dar juguetes a los niños pobres en otros países del mundo.

Después de leer

1. Scan the reading for Sammy Sosa's full name. What do you remember about family names in Spanish? What family does the name *Peralta* refer to?

2. Why is Sammy Sosa famous? Name two reasons.

3. What athletes, entertainers, or other public figures do you admire? Can you tell why?

4. Find more information about Sammy Sosa on the Internet. You may also wish to look for information on other athletes and public figures that represent positive role models to you.

¡SIGAMOS ADELANTE!

Conversemos un rato

A. La semana pasada

1. Work in groups of three or four students.

2. Each member of the group will take turns describing his or her week by listing the events or activities in the order they occurred. Be sure to use different verbs in the past, and say when each activity happened.

3. Decide who in the group had the busiest week!

Puerto Rico

B. ¡Vivan las vacaciones!

1. Work in groups of three to four students. Pretend that your Spanish class has just won an all-expense-paid, week-long trip to two Spanish-speaking countries of your choice.

2. Suggest two countries to visit, choosing from those pictured.

3. Also list interesting activities to do every day while traveling.

4. Decide on the kind of transportation you will use and how you will travel from place to place.

5. Finally, present your travel plan to the entire class.

España

Argentina

¡A escribir!

Writing a report

You're going to continue to practice and develop your writing skills in Spanish by writing a two- or three-paragraph report. It will be about a trip you took or a fun vacation—real or imaginary. Pretend it will be printed in the Spanish Club Newsletter.

Un viaje a la playa

El mes pasado fui de vacaciones con mis padres a Manzanillo, en la costa de México. Pasamos una semana en el Hotel Las Hadas. Hicimos el viaje en avión. Salimos el 26 de diciembre y volvimos el 2 de enero. Pasamos una semana muy divertida.

Manzanillo tiene un clima muy bueno en el invierno. Pasamos mucho tiempo en la playa del hotel donde nadamos mucho. Un día fuimos a otra playa donde practicamos el esquí acuático y el buceo.

Un día fuimos a Colima, la capital del estado. Allí vimos un museo de arqueología muy impresionante. También comimos muy bien. Hicimos muchas cosas durante los siete días.

A. Reflexión Write an outline of highlights of your vacation. First select the main point of each paragraph. Next, add subheadings to each main point to increase the detail.

B. Primer borrador Write a first draft.

C. Revisión con un(a) compañero(a) Exchange papers with a classmate. Read each other's report. Using the following questions as a guide, give each other suggestions for improving the report.

1. What do you like best about your classmate's first draft?
2. What part do you think gives the best description?
3. What part do you find the most interesting?
4. Does the report seem as if it would be a good one for a newsletter?
5. Is there any part of the report you think could be written more clearly or be more interesting, or more complete?

D. Versión final Think about the suggestions you got from your classmate. Revise your report. Think about the content and check your grammar, spelling, punctuation, and accent marks.

E. Carpeta Discuss your letter with your teacher. You may choose to place your work in your portfolio and use it to evaluate your progress. Your teacher may wish to place some of the reports on a bulletin board in your classroom.

Conexión con las ciencias

Los ejercicios aeróbicos

Para empezar You will learn about aerobic exercises and the amount of energy we use (how many calories we burn) when we do certain activities. Review the following words and phrases. They will help you understand the reading.

Vocabulario

corazón	*heart*	**cuerpo**	*body*	**libras**	*pounds*
pulmones	*lungs*	**bajar de peso**	*lose weight*		

¿Haces ejercicio? ¿Practicas algún deporte? Si no, aquí vas a aprender lo importante que es para el cuerpo hacer estas actividades.

Los ejercicios aeróbicos—la natación, el ciclismo y el correr—estimulan el **corazón** y los **pulmones**. El objetivo es aumentar la cantidad de oxígeno que el **cuerpo** pueda utilizar dentro de un período de tiempo. Los ejercicios aeróbicos también son ideales para quemar calorías y **bajar de peso**.

Utilizamos mucha energía cuando practicamos los ejercicios aeróbicos. Cuanto más tiempo se pasa haciéndolos, ¡más energía se utiliza! Las personas de mayor peso utilizan más energía que las de menor peso haciendo la misma actividad.

¿Cuánto pesas tú en kilogramos? La fórmula para convertir las **libras** en kilogramos no es muy complicada.

Fórmula: libras	×	**0,45** =	**kilogramos**
Ana pesa 100 lbs	×	0,45 =	Ana pesa 45 kilogramos
Pedro pesa 150 lbs	×	0,45 =	Pedro pesa 68 kilogramos

¿Quién utiliza más energía haciendo las actividades de la lista, Pedro o Ana?

A. Vocabulario Work with a partner to match the term in the first column with its definition in the second column. Record your choices on a separate sheet of paper.

___1. el kilogramo   a. unidad de energía

___2. la caloría   b. la actividad de montar en bicicleta

___3. el ciclismo   c. la actividad de nadar

___4. los pulmones   d. gas que respiramos

___5. el oxígeno   e. unidad de peso del sistema métrico

___6. la natación   f. dos órganos que usamos para respirar

B. Un poco más Work with a partner. Convert your weight and your partner's weight from pounds to kilograms.

Vistas
de los hispanos en los Estados Unidos

California

California has a long Spanish-speaking history: It was settled by Spain in 1769. When Mexico won its independence from Spain, California (and other areas of the Southwest) became part of Mexico. In 1848, it changed hands again to become part of the United States. It still has a large Latino population, because it is so close to Mexico. In Los Angeles, for example, 28% of the population is Latino! The section of the city called El Pueblo de los Angeles is a state historic park, with an open-air Mexican marketplace at its center.

Sacramento
★

California

Miami

One half of Miami's population is Hispanic. Many of these are Cubans who fled from Fidel Castro's regime to settle in Miami. In the early 1960s they started their own neighborhood, called Little Havana. There is an important Hispanic art museum in Miami, called the Museum of Hispanic & Latin American Art. Every year, the **Carnaval Miami** ends with a festival in Little Havana called the **Calle Ocho Festival,** where people enjoy Cuban food and concerts of Latin American music.

Florida

Miami
★

EXPLORA

Find out more about California and Florida!

Access the **Nuestros vecinos** page on the *¡Ya verás! Gold* web site for a list of URLs.

http://www.yaveras.heinle.com/vecinos.htm

En la comunidad

¡Se buscan estrellas de béisbol!

"My name is Anita López-Jenkins. My father is a quiet man who was born in Detroit. He always wanted a child he could play baseball with. My mother is an outgoing Dominican-American who always wanted a child she could speak Spanish with. My father dreamed I'd be a famous female ball player. My mother thought I'd make a great Spanish teacher.

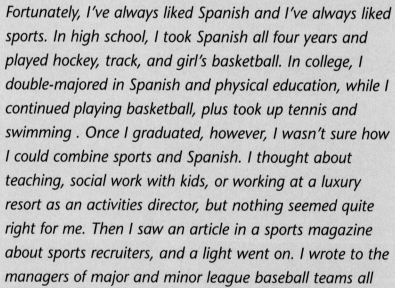

Fortunately, I've always liked Spanish and I've always liked sports. In high school, I took Spanish all four years and played hockey, track, and girl's basketball. In college, I double-majored in Spanish and physical education, while I continued playing basketball, plus took up tennis and swimming . Once I graduated, however, I wasn't sure how I could combine sports and Spanish. I thought about teaching, social work with kids, or working at a luxury resort as an activities director, but nothing seemed quite right for me. Then I saw an article in a sports magazine about sports recruiters, and a light went on. I wrote to the managers of major and minor league baseball teams all over the country. I described my background and my knowledge of sports and Spanish. On my third interview, I got a job! Nowadays, I spend most of the year traveling to Puerto Rico, the Dominican Republic, and other Spanish-speaking countries where baseball is an important sport. I help evaluate talent during professional try-outs and interview potential players in Spanish. It's a lot of fun; I love my job!"

¡Ahora te toca a ti!

Choose a well-known Spanish-speaking celebrity (actor, singer, writer, politician, or athlete) to research. Go to your school or local library, or use the Internet, to locate an interview, a review, or an article with information on your subject. Consider your subject's hobbies, country of origin, and job. Then write a short paragraph in Spanish (at least five sentences), describing the person you have chosen. List your source(s). You may wish to share your research with the class.

Gloria Estefan

Rosie Pérez

Emilio Estevez

Enrique Iglesias

Salma Hayek

Proyectos

Mi deporte favorito

Vas a necesitar:

- marcadores o lápices de colores
- cartulina blanca

Do you have a favorite sport such as baseball or gymnastics? Or, is there a sport that you'd like to know more about such as skydiving or horseback riding? In this project you will create a poster about a sport and label it in Spanish.

Paso 1. Choose a sport you'd like to find out more about.

Paso 2. Brainstorm a list of questions you will need to answer about the sport. What equipment does the sport require? Is it a team sport? If so, how many members are on a team? Where is the sport played—on a field? In a ring? In the water? Who are some well-known players of this sport? How do you play it?

Paso 3. To answer your questions, use resources such as a Spanish dictionary, an illustrated encyclopedia, books about sports, or the Internet.

Paso 4. Make a rough draft of your poster. Create your poster with labels and information in Spanish.

Paso 5. Share your poster with the class and teach them the Spanish vocabulary for your sport.

¿Cuándo pasó?

To practice telling when an activity takes place, create three-part storyboards.

Paso 1. In the first panel show an action that is going to take place in the future. In the second panel, show that the action is happening in the present. And in the last panel, show that the action has been completed in the past.

Paso 2. On a separate piece of paper, make labels for each panel.

Paso 3. Exchange storyboards and labels with a partner.

Paso 4. Match each other's labels with the actions in the panels.

Un juego

¿Qué estoy haciendo?

Take turns acting out in front of the class sports and other recreational activities you've learned. How quickly can your classmates guess what you're doing? The person who guesses correctly will have the next turn to dramatize an action.

MODELO   *"¡Estás jugando al básquetbol!"*

UNIDAD

6

Vamos de compras

Objectives

In this unit you will learn to:

- ❂ talk about likes and dislikes
- ❂ tell a friend or family member to do something
- ❂ identify amounts
- ❂ point out people, places, and things
- ❂ compare people, places, and things

¿Qué ves?

- What is the girl in these photographs doing?
- Where is she?
- Why do you think she has gone to each place?

CAPÍTULO

16

Vamos al centro comercial

1. Where do you go to shop for CDs and cassettes?
2. How about sporting goods?

Objectives

In this chapter you will learn to:

- ☺ buy things in a store
- ☺ talk about things you like
- ☺ tell a friend or family member to do something

—*Quiero comprar un disco compacto nuevo.*
—*Yo también. ¡Vamos!*

Capítulo 16   Vamos al centro comercial   **193**

PRIMERA ETAPA

1. Do you like to go shopping? Why, or why not?

2. What kinds of questions do you normally need to ask a salesclerk when you are shopping?

3. Does your family grocery shop at the same store where they buy such items as records, clothes, shoes, and sporting goods? Why or why not?

En la tienda de música

Beatriz y Mónica van de compras.

Anoche Beatriz y Mónica fueron a un concierto de rock en el Parque Luna. A ellas **les encantó** escuchar a su grupo favorito, Juan Luis Guerra y los 440. Hoy Mónica quiere comprar uno de sus discos compactos. Por eso, van a la tienda de música "La Nueva Onda". Beatriz quiere comprar un disco compacto de Jon Secada, pero es muy **caro.**

Beatriz: **¡Qué pena!** No tengo suficiente dinero para comprar el disco compacto.

Mónica: Mira, yo encontré la cinta de Juan Luis Guerra y los 440 que me gusta y es muy barata.

Beatriz: **A ver.** ¿Dónde están las cintas?

Mónica: Allí, al lado de los vídeos.

Beatriz: ¡Super! Aquí está la cinta que me gusta a mí.

les encantó *They loved* **caro** *expensive* **¡Qué pena!** *What a shame!* **A ver.** *Let's see*

¡Te toca a ti! ◈◈◈◈◈◈◈◈◈

A. Beatriz y Mónica Contesta las preguntas sobre la conversación entre Beatriz y Mónica de la página 194.

1. ¿Adónde fueron Beatriz y Mónica anoche?
2. ¿Cómo se llama su grupo favorito?
3. ¿Por qué van a la tienda de música hoy?
4. ¿Tiene Beatriz suficiente dinero para el disco compacto?
5. ¿Es cara o barata la cinta de Juan Luis Guerra y los 440?
6. ¿Dónde están las cintas?

B. Para mi cumpleaños... Make up a "wish list" for your next birthday by completing the following sentences.

MODELO *Yo quiero una bicicleta nueva para mi cumpleaños. También quiero...*

1. Quisiera...
2. Por favor, mamá (papá, abuela, etc.), cómprame...
3. Creo que mi mamá (papá, hermano mayor, etc.) tiene suficiente dinero para comprarme...
4. También necesito...

C. Los regalos Pretend you are at "La Nueva Onda" buying presents for your family and friends.

1. Make a list of four people you are shopping for.
2. Decide which tapes, CDs, or videos you will get for each person.
3. Discuss your choices with a partner and comment on each one.

MODELO **Estudiante 1:** *Pienso comprar este vídeo para mi prima. ... es su película favorita. Y esta cinta es para papá. Escucha siempre la música de...*

Estudiante 2: *Buena idea. Yo voy a comprar esta cinta para mi hermano. Le gusta mucho el jazz latino. Quisiera comprar el disco compacto pero es muy caro.*

Práctica

D. Escucha a tu maestro(a) leer las siguientes palabras. Repítelas después para practicar la pronunciación.

1. cámara
2. pájaro
3. farmacia
4. cuatro

5. pintura
6. estéreo
7. libro
8. hermano

9. parque
10. serio

¡A jugar con los sonidos!

Carolina compra cuarenta caramelos para sus hermanos Carlos y Carmelo. ¡Qué generosa!

ESTRUCTURA

Talking about what you and others like

1. To say that *you and others* (*we*) *like* something, use **nos gusta** or **nos gustan**.

Nos gustan las películas de horror.	*We like horror movies.*

2. To tell what *he, she,* or *you* (**usted**) *like,* use **le gusta** or **le gustan**.

A Emily **le gusta** tocar la guitarra.	*Emily likes to play the guitar.*
Señorita, ¿a Ud. **le gustan** las canciones de Gloria Estefan?	*Señorita, do you like the songs of Gloria Estefan?*

3. To tell what *you* (**ustedes**) or *they* like, use **les gusta** or **les gustan**.

Les gusta el concierto.	*They like the concert.*
¿A Uds. **les gustan** los discos compactos nuevos?	*Do you like the new CDs?*

4. **Encantar** (*to like very much, to really like, to love*) works just like **gustar.**

Nos encanta el helado.	*We love ice cream.*

5. To clarify or emphasize *who* likes or dislikes something, use **a** plus the person(s).

A mí me encantan los deportes.	*I really like sports.*
A ti no te gusta ir de camping.	*You don't like to go camping.*
A Ud. le gusta el jazz.	*You like jazz.*
A mi hermana le encanta la música latina.	*My sister loves Latin music.*
A Lucy y a mí nos gusta bailar.	*Lucy and I like to dance.*
A Uds. les encantan los vídeos.	*You love the videos.*
A Ana y a Javier no les gusta la cinta.	*Ana and Javier don't like the tape.*

> **¿Te acuerdas?**
>
> To say that you like one thing, you use **me gusta...** To say you like more than one thing, you say **me gustan...** You say ¿**te gusta...?** or ¿**te gustan...?** to ask a friend or family member about his (her) likes.

Aquí practicamos ◈◈◈◈◈◈

E. Los gustos   Work in groups of three. Take turns asking two classmates which of the two items or activities listed they like better. Be prepared to report your findings to the class.

> **MODELO**   la radio o la grabadora
>
> **Estudiante 1:** *¿Les gusta más la radio o la grabadora?*
> **Estudiante 2:** *Me gusta más la grabadora.*
> **Estudiante 3:** *Me gusta más la grabadora.*
> *o: Me gusta más la radio.*
> **Estudiante 1:** *Ah, a los dos les gusta más la grabadora. o: Ah, a él (ella) le gusta más la grabadora y a ella (él) le gusta más la radio.*

1. los discos compactos o las cintas
2. los conciertos o las películas
3. ir de compras o hablar por teléfono
4. escribir con la computadora o con la máquina de escribir
5. el jazz o la música rock
6. los vídeos o los videojuegos
7. la televisión o el cine
8. bailar o mirar la televisión

F. ¿Qué les gusta hacer?   Do you know your friends and family well? What is the one thing each person likes to do the most?

> **MODELO**   mi hermana
> *A mi hermana le gusta estudiar.*

1. mi mejor amigo(a)
2. mi madre
3. mis abuelos
4. mis compañeros de clase
5. mis primos
6. mi padre
7. mi hermano(a)
8. mis profesores

G. ¿Qué le encanta a tu compañero(a)?   Work with a partner asking and answering questions.

- What do you each like and love to do and eat?
- Where do you each like and love to go?
- What music do you each like and love to listen to?

Make a chart like the one below. Then report your information to the class.

MODELO

Estudiante 1:	*¿Qué te gusta hacer (comer, escuchar)?*
Estudiante 2:	*A mí me encanta…*
Estudiante 1:	*A Anita le encanta…*
Estudiante 1:	*¿Adónde te gusta ir?*
Estudiante 2:	*A mí me gusta…*
Estudiante 1:	*A Anita le gusta…*

	actividades	**comida**	**sitios**	**grupo o música**
me gusta	correr		al cine	
me encanta		el helado		
le gusta				
le encanta	hablar por teléfono			el jazz

Aquí escuchamos

Me gusta la música…   Isabel and Miguel give information about their likes and dislikes

Antes de escuchar   Based on what you've learned in this **etapa,** what are some of the likes and dislikes you expect Isabel and Miguel to talk about?

A escuchar   Listen carefully to what Isabel and Miguel like. Listen again. On your activity master, make a list of some of the things that Isabel likes and another of the things that Miguel likes.

Después de escuchar   Responde a las siguientes preguntas sobre la conversación entre Isabel y Miguel.

1. ¿A quién le gustan muchos tipos de música?

2. ¿Qué música le gusta más a Isabel? ¿Y a Miguel?

3. ¿Por qué le gustan más a Miguel las cintas que los discos compactos?

4. ¿A quién le gusta Jon Secada?

5. ¿Adónde van a ir Isabel y Miguel?

¡ADELANTE!

A. ¿Qué te gusta hacer los fines de semana?
Work in pairs. 1. Take turns asking and telling each other the things that you like to do on weekends. 2. Find out what activities you both like. 3. Then, report your likes and dislikes to the class.

> **MODELO**
>
> **Estudiante 1:**   *¿Qué te gusta hacer los fines de semana?*
>
> **Estudiante 2:**   *A mí me gusta hablar por teléfono con mis amigos.*
>
> **Estudiante 1:**   *A mí también me gusta hablar por teléfono con mis amigos.*
>
> **Estudiante 2:**   *A nosotros(as) nos gusta hablar por teléfono con nuestros amigos.*

B. Un diálogo de contrarios   Imagine that you and a classmate are opposite in every way. If one of you says you like something, the other says he (she) does not. With a partner, make opposing statements about your likes, dislikes, interests, and possessions.

1. What are some things you will find at a store that sells paper and office supplies?

2. What are some questions that a salesclerk might ask a customer?

En la papelería

Mario y Andrés van de compras a la papelería.

Señora: Buenos días, muchachos. ¿En qué puedo servirles?

Mario: Necesitamos papel para escribir a máquina. ¿Tiene?

Señora: ¡Cómo no! ¿Cuántas **hojas** quieren?

Mario: Diez, por favor. ¿Y **papel de avión**?

Señora: Aquí tienen. ¿Algo más?

Andrés: Sí, yo necesito tres tarjetas de cumpleaños y una tarjeta del Día de la Madre.

Señora: Acabamos de recibir unas muy bonitas. Mira aquí.

Andrés: Hmm… Sí, son muy bonitas. ¿Vienen con **sobres**?

Señora: ¡Pues, claro!

Mario: Bien. **Es todo por hoy.**

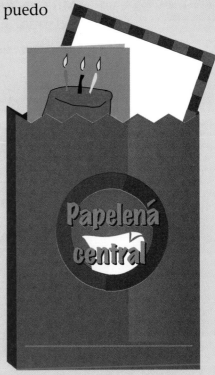

hojas *sheets*   **papel de avión** *airmail paper*   **sobres** *envelopes*   **Es todo por hoy.** *That's all for today.*

¡Te toca a ti!

A. Mario y Andrés Contesta las preguntas sobre la conversación entre Mario y Andrés de la página 201.

1. ¿Qué necesitan Mario y Andrés?
2. ¿Cuántas hojas quieren?
3. ¿Cuántas tarjetas necesita Andrés?
4. ¿Tiene la señora tarjetas?
5. ¿Vienen con sobres?
6. ¿Qué van a escribir Mario y Andrés?

B. ¿Qué compraron en la papelería?
Mira las fotos y di qué compró cada persona.

¿Qué piensas?

Compras los libros en la librería, los papeles en la papelería, los helados en la heladería y las frutas en la frutería.

Most words for stores in Spanish end in what two letters?

MODELO

Estela
Estela compró una tarjeta de felicitación.

Estela

1. la Srta. Balboa

2. Ignacio

3. Inés

4. Cristina

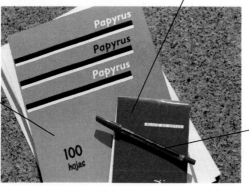

5. el Sr. Rodríguez

6. Roberto

C. ¿Adónde vas para comprar... ? ¿A qué tiendas vas para comprar cada cosa?

MODELO *Voy a la tienda de música para comprar discos compactos.*

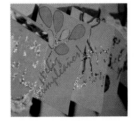

1.

2.

3.

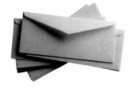

4.

5.

6.

7.

REPASO

D. En la tienda de música Work with a partner. Pretend you are at a record store shopping for presents for three of your friends. You need to buy two CDs and a tape.

1. Tell the clerk (your partner) the music your friends like.

2. He (she) will make suggestions for each gift.

MODELO

Estudiante 1:	*¿En qué puedo servirle?*
Estudiante 2:	*A mi amiga Claudia le gusta la música rock. Quiero comprar un disco compacto para ella. ¿Qué tiene Ud.?*
Estudiante 1:	*Tenemos discos compactos nuevos de...*
Estudiante 2:	*¿Cuánto cuesta un disco compacto de...?*
Estudiante 1:	*Quince dólares.*
Estudiante 2:	*Voy a comprar dos.*

PRONUNCIACIÓN   *rr*

Práctica

E. Escucha a tu maestro(a) leer las siguientes palabras. Después repítelas para practicar la pronunciación.

1. borrador
2. perro
3. correo
4. barrio
5. aburrido
6. radio
7. Roberto
8. rubio
9. río
10. música rock

¡A jugar con los sonidos!

Erre con erre, cigarro,
erre con erre, barril,
¡rápidos corren los carros,
los carros del ferrocarril!

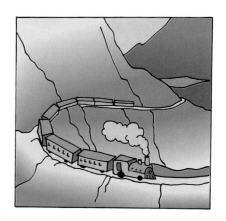

ESTRUCTURA

Telling a friend or family member to do something

—Raquel, **mira** las tarjetas de cumpleaños.

Raquel, look at the birthday cards.

—Son muy bonitas. **Compra** dos.

They are very pretty. Buy two.

1. Tú commands for regular verbs have the same form as the present-tense form for **él, ella,** and **usted.**

Paco **escucha** el disco compacto.	*Paco is listening to the CD.*
Paco, **¡escucha!**	*Paco, listen!*
Martina **corre** todos los días.	*Martina runs every day.*
Martina, **¡corre!**	*Martina, run!*
Yolanda **escribe** muy bien.	*Yolanda writes very well.*
Yolanda, **¡escribe** la carta ahora!	*Yolanda, write the letter now!*

2. The following verbs have irregular **tú** commands.

decir	**di**	ir	**ve**	salir	**sal**	tener	**ten**
hacer	**haz**	poner	**pon**	ser	**sé**	venir	**ven**

F. ¡Haz lo que te digo! Work with a partner. Take turns telling each other to do the following activities in column A. Choose expressions from column B to complete the command. Follow the model.

> **MODELO** escribir
> *Escribe la tarjeta de cumpleaños.*

Column A	Column B
1. hablar	a. un sandwich de jamón y queso
2. comer	b. en España
3. hacer	c. a la derecha
4. mirar	d. francés
5. leer	e. la tarea
6. salir	f. de la escuela a las tres
7. doblar	g. la tarjeta de cumpleaños
8. vivir	h. el teatro
9. comprar	i. un momento
10. decir	j. unas tarjetas en la papelería
11. correr	k. tu sandwich conmigo
12. descansar	l. a mi casa por la tarde

G. ¡Ay, niño! Pretend you are babysitting Joselito, the young son of a Spanish-speaking neighbor. Tell him what to do!

> **MODELO** poner tus cosas en tu cuarto
> *Joselito, ¡pon tus cosas en tu cuarto!*

1. venir aquí
2. ser bueno
3. hacer la tarea
4. poner la radio
5. salir del garaje
6. ir a la cama
7. leer tu revista favorita
8. usar tu computadora
9. tener paciencia
10. decir la verdad

H. Consejos Imagine that a friend has problems at school. Give him or her advice on what to do to improve the situation. Use the following verbs to make at least six statements.

> **MODELO** *Haz la tarea todos los días.*
> *Llega a clase temprano.*

decir   escuchar   hablar   ir   llegar   salir   venir

escribir   estudiar   hacer   leer   practicar   trabajar

Aquí escuchamos

Para mi computadora... A clerk helps a customer in a store.

Antes de escuchar Think about some of the items you might buy to use with a computer. Some of the same vocabulary that you already know in Spanish applies. Can you think of examples?

A escuchar Listen twice to the conversation between the clerk and the customer before answering the questions about it that follow.

Después de escuchar Responde a las siguientes preguntas sobre la conversación entre la empleada y el señor. Puedes eschuchar la cinta otra vez si quieres.

1. ¿Qué necesita el señor que va a la papelería?
2. ¿En paquetes de cuántos se venden los disquetes para la computadora?
3. ¿Qué le pregunta la empleada si necesita el señor?
4. ¿Qué dice él cuando ella le pregunta eso?
5. ¿Qué recuerda el señor que necesita comprar para su esposa?

¡ADELANTE!

A. Ve a la papelería Work with a partner. Pretend you need computer disks from the store, but you cannot go out to buy them because you have to stay home.

1. "Call" your partner and explain the situation.
2. Tell him (her) one additional thing that you need from the store.
3. After your partner agrees to do this errand, tell him (her) when and where to meet you to deliver the purchases.
4. Thank him (her) for the help.

> **MODELO**
>
> **Estudiante 1:** *¡Hola, Estela!*
> **Estudiante 2:** *¡Hola! ¿Qué tal?*
> **Estudiante 1:** *Bien, pero tengo mucho que hacer.*
> **Estudiante 2:** *¿Qué tienes que hacer?*
> **Estudiante 1:** *...*

B. Sugerencias Pretend a friend has asked for advice about problems at school. Give at least six suggestions about how to get good grades and get along with everyone. Use the following verbs.

estudiar	escribir
trabajar	decir
hablar	tener
hacer	salir
practicar	ver

> **MODELO**
>
> *Estudia todas las noches.*
> *Ten paciencia con tus compañeros...*

La tienda de deportes

Elsa y Norma entran en una tienda de deportes.

Empleado: Sí, señoritas, ¿qué necesitan?

Elsa: Quisiera saber cuánto cuesta la raqueta en el **escaparate.**

Empleado: ¡Ah! Buen ojo. Es una raqueta muy buena y cuesta 120 dólares.

Elsa: ¿Cómo? ¿No está **en oferta**?

Empleado: No, señorita. La oferta terminó ayer.

Elsa: ¡Qué pena! Bueno. Y las pelotas de tenis, ¿qué precio tienen?

Empleado: Hmm... tres dólares.

Elsa: Bueno, voy a llevar tres. ¿Puedo ver los zapatos de tenis también, por favor?

Empleado: Por supuesto. ¿Algo más?

Norma: Sí. ¿Venden esquíes?

Empleado: Sí, pero no hay más. Vendimos todos los esquíes en la oferta.

Norma: Hmm... bueno. Gracias.

Empleado: **A sus órdenes.**

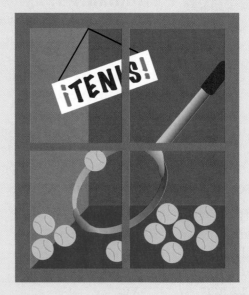

escaparate *display window*   **en oferta** *on sale*   **A sus órdenes.** *At your service.*

¡Te toca a ti! ◈◈◈◈◈◈◈◈◈

A. Elsa y Norma   Contesta las preguntas sobre la conversación entre Norma, Elsa y un empleado en una tienda de deportes de la página 208.

1. ¿Qué quisiera saber Elsa?

2. ¿Cuánto cuesta la raqueta?

3. ¿Cuándo terminó la oferta para la raqueta?

4. ¿Cuánto cuestan las pelotas de tenis?

5. ¿Qué más quiere ver Elsa?

6. ¿Hay esquíes en la tienda? ¿Por qué no?

B. Necesito comprar...   Imagine you are in a sporting goods store and you want to examine the following items before you buy. Ask to see them.

> **MODELO**   pelotas de tenis
> *Quisiera ver las pelotas de tenis, por favor.*

1.

2.

3.

4.

5.

6.

C. ¿Cuánto cuesta...? Work with a partner. You want to know the price of different items in a sporting goods store. Ask the clerk. The clerk (your partner) will give reasonable prices for each item from Activity B on page 209.

> **MODELO** (pelotas de tenis)
>
> **Estudiante 1:** *Buenos días. ¿Cuánto cuestan las pelotas de tenis en el escaparate?*
>
> **Estudiante 2:** *Cuestan tres dólares por tres.*
>
> **Estudiante 1:** *Hmm... bien. Voy a llevarme seis. Aquí tiene seis dólares.*

D. Unos regalos Work with a partner. You're not sure what presents to buy for some friends. Ask your partner to suggest items you could buy at various stores.

> **MODELO**
>
> **Estudiante 1:** *Necesito comprar un regalo para José.*
>
> **Estudiante 2:** *¿Qué le gusta hacer?*
>
> **Estudiante 1:** *A José le gusta leer.*
>
> **Estudiante 2:** *Entonces, ve a la librería y compra un libro.*

ESTRUCTURA

Telling a friend or family member not to do something

¡**No lleves** tus esquíes!	*Don't take your skis!*
¡**No vendas** tu raqueta!	*Don't sell your racket!*
¡**No compartas** tu comida con el perro!	*Don't share your food with the dog!*

1. To form negative **tú** commands, drop the **-o** from the **yo** form of the present tense and add **-es** for **-ar** verbs. Add **-as** for **-er** and **-ir** verbs.

bailar	**yo bailo**	bail-	**no bailes**
beber	**yo bebo**	beb-	**no bebas**
escribir	**yo escribo**	escrib-	**no escribas**

2. In verbs ending in **-car,** the **c** changes to **qu (no practiques).** Verbs that end in **-gar,** add a **u** after the **g (no llegues).** In verbs ending in **-zar,** the **z** changes to **c (no cruces).**

3. The following negative **tú** commands are irregular.

decir	**no digas**	ir	**no vayas**
hacer	**no hagas**	poner	**no pongas**
salir	**no salgas**	tener	**no tengas**
ser	**no seas**	venir	**no vengas**

Aquí practicamos

E. **¡No hagas eso!** Pretend you are babysitting a Spanish-speaking child who is misbehaving. Tell her not to do the following things.

> tener prisa al comer
> *Elisita, por favor no tengas prisa al comer.*

1. esquiar en el patio
2. llevar el perro al coche
3. ir al parque
4. comer en la cama
5. ser malo
6. vender tus pelotas de tenis
7. poner los zapatos allí
8. salir de la casa
9. cruzar la calle

F. **Recomendaciones** Work with a partner. Take turns telling each other not to do these things.

1. ser malo(a)
2. llegar tarde a clase
3. tener problemas
4. doblar a la derecha
5. escribir en el libro
6. buscar tus cuadernos
7. mirar mucho la tele
8. ir solo(a) a la fiesta
9. poner la radio en clase
10. decir malas palabras

Aquí escuchamos

El tenista A customer is looking for a special item at a sporting goods store.

Antes de escuchar Based on what you have learned in this **etapa,** what are some of the phrases and expressions that you expect the customer and the saleswoman to use in their conversation?

A escuchar Listen twice to the conversation between the saleswoman and the customer before answering the true-or-false questions about it on your activity master.

Después de escuchar On your activity master, indicate whether the following statements are true or false. If a statement is false, provide the correct information. You may want to listen to the conversation again.

1. The customer wants to buy some tennis shoes.
2. The customer indicates that he already has a tennis racket.
3. The customer wants a larger tennis racket.
4. The saleswoman says that the large rackets are still on sale.
5. The price of the racket is $199.
6. The offer comes with a free can of tennis balls.
7. The man decides not to buy the racket because it is too expensive.

¡ADELANTE!

A. ¿Qué deporte? Your partner wants to take up a new sport and asks you for advice.

1. Ask your partner about his or her preferences for season, team, or individual sports.
2. Find out if he or she likes to play sports for competition or pleasure. Also find out about any equipment needed.
3. Suggest a sport or two for your partner. Explain your choices, basing your decisions on his or her talents and preferences.
4. Tell your partner what to buy in order to start practicing.

 B. Mi deporte preferido Escribe seis a ocho frases sobre tu deporte favorito. Incluye lo siguiente.

- ¿Qué deporte es? ¿Por qué te gusta?
- ¿Con qué frecuencia lo practicas?
- ¿Dónde lo practicas?
- ¿Con quién(es) lo practicas?

EN LÍNEA

Connect with the Spanish-speaking world! Access the *¡Ya verás! Gold* home page for Internet activities related to this chapter.

http://www.yaveras.heinle.com

VOCABULARIO

Para charlar

Para expresar gustos
me / te / le / nos / les
encanta(n)
me / te / le / nos / les
gusta(n)

Lugares para comprar
una papelería
una tienda de deportes
una tienda de música

Expresiones para
comprar o vender
A sus órdenes.
¿Algo más?
Aquí tiene(n).
¿En qué puedo
servirle(s)?
Es todo por hoy.
No hay más.
¿Qué necesita(n)?
Voy a llevar...

Para preguntar el
precio
¿Cuánto cuesta(n)?
¿Qué precio tiene(n)?
¿No está(n) en oferta?

Temas y contextos

En la tienda de música
una cinta
un disco compacto
un vídeo

En la papelería
una hoja
el papel de avión
el papel para escribir a
máquina
un sobre
una tarjeta de
cumpleaños

En la tienda de
deportes
unos esquíes
una pelota de tenis
una raqueta
unos zapatos de tenis

Vocabulario general

Sustantivos
un centro comercial
un escaparate
la música latina
el precio

Verbos
decir
poner

Adjetivos
barato(a)
bonito(a)
caro(a)
favorito(a)
suficiente

Otras expresiones
A ver.
Buen ojo.
por eso
¡Qué pena!
¡Súper!

Ritos importantes para los jóvenes hispanohablantes

Social and religious rites of passage are special times in the lives of young people around the world. Some of them are religious, such as a first communion or Bar Mitzvah. Others are secular, such as getting a driver's license or getting a voting card. These rites of passage are important in every society because they can mark a transition from one stage of life to another. In the following reading you will learn about some rites of passage for 15-year-old girls and 13-year-old boys in some Spanish-speaking countries.

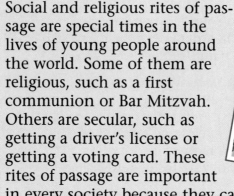

Antes de leer

1. Look at the pictures on these pages. When might young people in the United States dress like this?

2. Skim the first part of the reading, then guess what kind of celebration is being described.

3. Next, scan the reading for cognates. Remember they'll help you understand, but be aware of false cognates, too.

4. Scan the reading for as many articles of clothing as you can find. Make a list of them. After you have gone over the reading a couple of times, see if you need to add any to your list.

Guía para la lectura

Review the following words, which will help you understand the reading.

toma lugar	*takes place, happens*
cumple	*turns (a certain age)*
zapatos de tacón	*high heels*
aretes	*earrings*
anillo	*ring*
pulsera	*bracelet*
collar	*necklace*
frac	*tuxedo/coat and tails*

Para las chicas, la quinceañera es una fiesta que se celebra en diversas partes del mundo hispano. **Toma lugar** cuando la chica **cumple** los quince años. En este día la adolescente es presentada en sociedad. La joven, a quien también se le llama quinceañera, lleva para la ocasión un elegante traje largo, **zapatos de tacón** y a menudo **aretes, anillo, pulsera** y **collar** de perlas. Esta fiesta tradicional muchas veces se celebra en compañía de otras quinceañeras en el salón de uno de los mejores hoteles de la ciudad. Otras familias prefieren tener la fiesta en casa.

Los chicos en algunos lugares pasan por un rito cuando empiezan el colegio, a los doce o trece años. Tradicionalmente, el uniforme de la escuela incluye pantalones cortos. Al pasar al colegio, los chicos pueden llevar pantalones largos. Cuando llegan a los quince años, los chicos empiezan a asistir a las fiestas de quinceañeras como acompañantes, donde generalmente llevan **frac.**

Después de leer

1. What are the rites of passage between childhood, the teenage years, and adulthood in your culture? How are the rites similar to those mentioned in the reading? How are they different?

2. What other religious and secular rites do you know about that may affect you directly or that may affect your friends?

3. Does clothing play an important role in rites of passage in your culture? Explain why or why not.

—Quisiera medio kilo, por favor.
—Bueno. Son 500 pesos.

17

¿Cuánto cuesta... ?

1. Have you ever been to an open-air market?
2. If so, where was it? What was it like?

Objectives

In this chapter you will learn to:

- make purchases and choices
- talk about how much you need
- ask how much something costs

What kinds of things can you buy in an open-air market?

Día de feria

La Sra. Fernández va de compras al mercado.

Ayer jueves fue **día de feria** en Oaxaca. La señora Fernández caminó **hasta** la plaza cerca de su casa donde cada semana hay un **mercado al aire libre**. A la señora Fernández le gusta comprar las **frutas** y los **vegetales** que **ofrecen** los **vendedores** porque son productos **frescos** y baratos. **Además** a ella le encanta **regatear.** Hoy, piensa comprar vegetales para una **ensalada.**

Sra. Fernández: ¿Cuánto cuesta el **atado** de zanahorias?
Vendedora: 1.300 pesos.
Sra. Fernández: Bueno, 2.000 pesos por **estos** dos atados.
Vendedora: Tenga, 2.100.
Sra. Fernández: Está bien.

Unas frutas y unos vegetales:

unas fresas

unos limones

unas manzanas

una naranja

una pera

día de feria *market day*   **hasta** *as far as*   **mercado al aire libre** *open-air market*   **frutas** *fruit*
vegetales *vegetables*   **ofrecen** *offer*   **vendedores** *sellers*   **frescos** *fresh*   **Además** *Besides*
regatear *to bargain*   **ensalada** *salad*   **atado** *bunch*   **estos** *these*

unas uvas

unas cebollas

unos guisantes

una lechuga

el maíz

unas papas

unos tomates

unas zanahorias

Los mercados al aire libre

Many Spanish-speaking countries have open-air markets. In rural areas, the markets are usually held in the main **plaza** of a small town. Farmers come from all over the local countryside, bringing vegetables and fruit they have grown on small plots of land. You can buy pots, pans, brooms, soap, and other household items at the markets, as well as regional handicrafts such as handwoven cloth, colorful shirts, embroidered dresses, musical instruments, and wooden carvings. More and more commonly, you can also buy items such as radios and televisions at an open-air market.

¡Te toca a ti! ◈◈◈◈◈◈◈◈◈◈◈

A. Al mercado Lee el **Día de feria** en la página 218 y contesta las siguientes preguntas.

1. ¿Cuándo fue el día de feria en Oaxaca?
2. ¿Está el mercado lejos de la casa de la señora Fernández?
3. ¿Por qué le gusta a la señora Fernández comprar las frutas y los vegetales en el mercado?
4. ¿Para qué piensa comprar vegetales la señora Fernández?
5. ¿Cuántos atados de zanahorias quiere la señora Fernández? ¿Cuánto cuestan dos atados?
6. ¿Qué vegetales necesita comprar para hacer una ensalada?

B. ¿Qué son? Identifica las frutas y los vegetales que siguen.

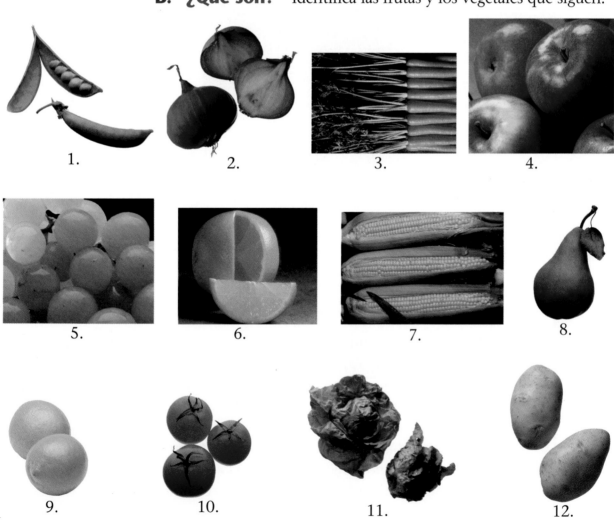

1.
2.
3.
4.
5.
6.
7.
8.
9.
10.
11.
12.

C. ¿Qué frutas y vegetales? Work with a partner. Take turns asking each other to point to one of the fruits or vegetables in activity B.

Para aprender

In this chapter you will learn the names of many foods. To help you learn them, practice identifying foods in your home and at the market.

> **MODELO** una naranja
> **Estudiante 1:** *¿Dónde está la naranja?*
> **Estudiante 2:** *¿La naranja? ¡Aquí* (points to the orange)

D. Preparar una ensalada Imagine that you and a classmate are making a salad for a class party.

1. Decide whether you will make a fruit salad or a green salad.

2. As you examine the contents of the refrigerator (shown in the following pictures), take turns identifying what you see.

3. Together make a list of the items that you want for your salad and a list of those that you don't. Follow the model.

> **MODELO** **Estudiante 1:** *Hay maíz. ¿Quieres maíz?*
> **Estudiante 2:** *Sí, quiero maíz. Me gusta el maíz.* o: *No, no me gusta mucho el maíz.* o: *¡Claro que no! ¡Es una ensalada de frutas!*

1.

2.

3.

4.

5.

6.

7.

8.

9.

10.

E. La oferta Imagine that you and a friend have saved some money to shop for sporting goods at a flea market. One of you is interested in newer, more expensive items. The other is always looking for bargains. Take turns trying to persuade each other, following the model. The first item in each pair is the more expensive one.

MODELO pelota de fútbol / pelotas de tenis
Estudiante 1: *Voy a comprar la pelota de fútbol. o: Mira la pelota de fútbol. o: ¡Qué buena pelota de fútbol!*
Estudiante 2: *Pero no compres la pelota de fútbol. Compra las pelotas de tenis. Son más baratas.*
Estudiante 1: *Bueno. Voy a llevar las pelotas de tenis. o: No, yo prefiero la pelota de fútbol.*

1. raqueta grande / raqueta pequeña
2. zapatos nuevos / zapatos usados
3. esquíes para la nieve / esquíes para el agua
4. nueva pelota de fútbol / vieja pelota de fútbol
5. bicicleta Cinelli / bicicleta Sprint
6. pelota de básquetbol / pelota de béisbol

PRONUNCIACIÓN *f*

Práctica

F. Escucha a tu maestro(a) cuando lee las siguientes palabras. Después repítelas para practicar la pronunciación.

1. fútbol
2. flor
3. ficción
4. frente
5. final
6. farmacia
7. favorito
8. fresco
9. alfombra
10. suficiente

¡A jugar con los sonidos!

En la fiesta de Felipe comen su comida favorita: frijoles, flan con frutas, frambuesas y fresas. ¡Uf! ¡Qué fabuloso!

ESTRUCTURA

Indicating *this, that, these* and *those*.

Demonstrative adjectives

—¿Quieres **estas** manzanas verdes
o **esas** manzanas rojas?

*Do you want these green
apples or those red apples?*

—Quiero **aquellas** manzanas
de allá.

*I want those apples over
there.*

The Demonstrative Adjectives

	next to the speaker	near the speaker	far from the speaker
	this	*that*	*that*
Masc. sing.	**este** limón	**ese** limón	**aquel** limón
Fem. sing.	**esta** manzana	**esa** manzana	**aquella** manzana
	these	*those*	*those (over there)*
Masc. plural	**estos** limones	**esos** limones	**aquellos** limones
Fem. plural	**estas** uvas	**esas** uvas	**aquellas** uvas

1. Demonstrative adjectives are used to point out specific people or things. Notice that there are three sets of demonstrative adjectives in Spanish. Each one specifies people or things in relation to their distance from the speaker.

2. Like all adjectives in Spanish, demonstrative adjectives agree in number and gender with the noun they modify. They are usually placed before the noun.

¿Cuál quieres?

¿Aquellas manzanas?

¿Esta manzana?

¿Esas manzanas?

Aquí practicamos ◈◉◉◉◉◉◉

G. ¿Cuál quieres? ¿Esta, esa o aquella? Work with a partner. Take turns asking each other which of the three things pictured each of you wants. Point to the picture to refer to the items as you say them. Follow the model.

MODELO la naranja

Estudiante 1: *¿Cuál quieres? ¿Esta naranja? ¿Esa naranja? ¿O, aquella naranja?*

Estudiante 2: *Prefiero esa naranja.*

1. los tomates

2. el limón

3. las fresas

H. ¿Prefiere estas manzanas o esos tomates? Pretend you are the checkout person at a grocery store. Your customer is undecided about what to buy. Offer him (her) choices according to the cues. Work with a partner and follow the model.

MODELO fresas / uvas

Estudiante 1: *¿Prefiere Ud. estas fresas o esas uvas?*

Estudiante 2: *Prefiero estas uvas, por favor.*

1. naranjas / manzanas
2. banana / pera
3. limón / papas
4. maíz / guisantes

5. tomates / lechuga
6. cebollas / bananas
7. uvas / fresas
8. zanahorias / naranjas

I. Por favor, toca... Work with a partner.

1. Gather three items from your backpack or classroom that are the same, such as pencils, books, notebooks, markers, etc.

2. Place one of each item next to you, one near you, and one far from you.

3. Give your partner commands to touch the items. Follow the models.

MODELOS

Estudiante 1: *Por favor, toca aquel lápiz.*
Estudiante 2: (Touches pencil that is far away.)
Estudiante 1: *Por favor, toca estos marcadores.*
Estudiante 2: (Touches the markers that are near **Estudiante 1**.)

PALABRAS ÚTILES

Talking about how much or how many

Expressions of specific quantity

¿Cuánto cuesta **un litro** de leche?   *How much is a liter of milk?*

Quisiera **medio kilo** de uvas.   *I would like a half kilo of grapes.*

The following expressions are used to indicate quantities.

un kilo de	*a kilogram of*
medio kilo de	*a half kilogram of*
una libra de	*a pound of*
50 gramos de	*50 grams of*
un litro de	*a liter of*
una botella de	*a bottle of*
una docena de	*a dozen of*
un pedazo de	*a piece of*
un atado de	*a bunch of*
un paquete de	*a package of*

¿Te acuerdas?

You have learned that *de* is used

• to talk about possessions **Es el libro de Juan.**

• to say where someone is from **Soy de Chile.**

• to tell what time of day **Son las tres de la tarde.**

• to say where someone is coming from **Sale de la escuela.**

Aquí practicamos

J. ¿En qué puedo servirle? Usa la información entre paréntesis para contestar las preguntas de los vendedores. Sigue el modelo.

> **MODELO** ¿Qué desea? (2 kilos de tomates / 1 kilo de uvas)
> *Deseo dos kilos de tomates y un kilo de uvas.*

1. ¿Qué necesita hoy? (1/2 kilo de lechuga / un atado de zanahorias)
2. ¿Qué quisiera? (200 gramos de jamón / 2 docenas de peras)
3. ¿Qué desea? (1/2 litro de leche / 1 botella de agua mineral)
4. ¿En qué puedo servirle? (1/2 docena de naranjas / 2 kilos de uvas)
5. ¿Necesita algo? (3 botellas de limonada / 1 paquete de mantequilla)

K. ¿Cuánto compraron? Mira los dibujos que siguen y di cuánto de cada cosa compró la persona indicada. Sigue el modelo.

> **MODELO** ¿Qué compró Juanita?
> *Ella compró cincuenta gramos de queso.*

500 gramos

dos litros
1. ¿Qué compró Mercedes?

un kilo
2. ¿Qué compró el señor González?

un kilo
3. ¿Qué compró Antonio?

una docena
4. ¿Qué compró Maribel?

un kilo
5. ¿Qué compró la señora Ruiz?

una libra
6. ¿Qué compró Francisco?

L. En el mercado Imagine you are shopping in an open-air market in Caguas, Puerto Rico. Ask the seller the price of each item, and then say how much you want to buy. Work with a partner, alternating the roles of customer **(cliente)** and seller **(vendedor[a]).** Use the cues provided and follow the model.

MODELO   zanahorias: 2 dólares el atado / 2 atados

Cliente: *Cuánto cuestan estas zanahorias?*
Vendedor(a): *Dos dólares el atado.*
Cliente: *Quiero dos atados, por favor.*
Vendedor(a): *Aquí tiene. Cuatro dólares, por favor.*

1. leche: 2 dólares la botella / 3 botellas
2. naranjas: 3 dólares la docena / 1/2 docena
3. papas: 2 dólares el kilo / 500 gramos
4. cebollas: 1.50 dólares el kilo / 1/2 kilo
5. mantequilla: 2.50 dólares el paquete / 2 paquetes
6. pastel: 1 dólar el pedazo / 2 pedazos

Aquí escuchamos

De compras en el mercado Mr. Estévez has a conversation with a vendor at the market.

Antes de escuchar Based on what you have learned in this **etapa,** what are some of the questions that you think Mr. Estévez and the vendor might ask each other?

A escuchar Listen twice to the conversation between Mr. Estévez and the vendor. Pay special attention to the products that Mr. Estévez actually buys.

Después de escuchar En tu hoja reproducible, haz una marca junto a las cosas que compró el Sr. Estévez. Puedes escuchar la cinta otra vez si quieres.

__aguacates	__lechuga	__melón	__zanahorias
__cebollas	__maíz	__papas	__plátanos
__fresas	__mangos	__tomates	
__guisantes	__manzanas	__uvas	

A. El postre *(dessert)*   Your mother has put you in charge of buying some fruit for dessert. Work in pairs and follow the directions.

Salesperson	Customer
1. Greet the customer.	Greet the salesperson.
2. Ask what he (she) needs.	Say that you need some fruit to buy for dessert **(para el postre).**
3. Offer a choice of fruits.	Decide what you are going to buy. Ask how much the fruit(s) cost(s).
4. Tell him (her) the price(s).	Bargain over the price.
5. Agree on the price. Ask if he (she) needs something else.	Answer.
6. Respond if necessary, then end the conversation.	End the conversation.

B. ¿Te gusta más...?   Pretend that you and a friend have just won the lottery and you want to buy a number of things.

1. Bring to class pairs of magazine pictures of five objects (two different versions of each) whose names you know in Spanish and that you would like to own. Catalogs will be a good source for finding multiple pictures of objects.

2. Following the model, get each other's opinion about which items you each like better, using the appropriate forms of **este** and **ese.**

3. Make a list of the first five things you plan to buy together with your winnings. Follow the model.

MODELO

Estudiante 1: *¿Te gusta más esta bicicleta americana o esta bicicleta italiana?*

Estudiante 2: *Prefiero esa bicicleta italiana. Y tú, ¿prefieres este viaje a Panamá o este viaje a Costa Rica?*

Estudiante 1: *A mí me gusta más ese viaje a Panamá.*

C. ¿Qué comemos?   Work with a classmate to write a shopping list of eight food items that you need to buy for dinner, indicating the quantity or amount of each. Consider drinks, salads, vegetables, meat, and desserts.

SEGUNDA ETAPA

1. What are some of the differences between shopping at a supermarket and at an open-air market?

2. What food items can you find at a supermarket that you could not get at an open-air market?

3. When you go shopping for food, where do you like to go? Why?

En el supermercado

Ricardo y Roberto van de compras al supermercado.

Una vez por semana Ricardo hace las compras en el supermercado **para** su mamá. Hoy Roberto también tiene que ir al supermercado para comprar **alimentos** para su familia. Los dos amigos van **juntos.** Primero, van a la sección de los **productos lácteos** porque Ricardo tiene que comprar mantequilla, leche, yogur, crema y queso.

También van a la sección de las **conservas** porque necesitan tres **latas** de **sopa** y una lata de **atún,** una botella de **aceite** y un paquete de **galletas.**

Una vez *Once* **para** *for* **alimentos** *food* **juntos** *together* **productos lácteos** *dairy products*
conservas *packaged goods* **latas** *cans* **sopa** *soup* **atún** *tuna* **aceite** *oil* **galletas** *cookies*

Luego pasan por la sección de los productos **congelados** porque Roberto tiene que comprar **pescado,** una pizza, un **pollo** y también: ¡**helado** de chocolate, por supuesto! A Roberto le encanta el helado.

Para terminar, ellos compran pastas, **harina,** azúcar, **sal, pimienta,** arroz y mayonesa. El **carrito** de Roberto está muy **lleno.**

Luego pasan por *Then they go by* **congelados** *frozen* **pescado** *fish* **pollo** *chicken* **helado** *ice cream* **harina** *flour* **sal** *salt* **pimienta** *pepper* **carrito** *shopping cart* **lleno** *full*

Comentarios CULTURALES

Las frutas y los vegetales tropicales

In the tropical parts of Central and South America, Mexico, and the Caribbean, you will find many kinds of delicious vegetables and fruits. You may be familiar with the **aguacate** *(avocado)* and the chile. Fruits

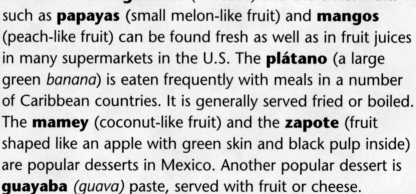

such as **papayas** (small melon-like fruit) and **mangos** (peach-like fruit) can be found fresh as well as in fruit juices in many supermarkets in the U.S. The **plátano** (a large green *banana*) is eaten frequently with meals in a number of Caribbean countries. It is generally served fried or boiled. The **mamey** (coconut-like fruit) and the **zapote** (fruit shaped like an apple with green skin and black pulp inside) are popular desserts in Mexico. Another popular dessert is **guayaba** *(guava)* paste, served with fruit or cheese.

¡Te toca a ti!

A. Al supermercado
Lee **En el supermercado** en las páginas 229–230 y contesta las siguientes preguntas.

1. ¿Para quién hace Ricardo las compras?
2. ¿Qué tiene que comprar Roberto para su familia?
3. ¿A qué sección va Ricardo para comprar la mantequilla?
4. ¿A qué sección van para comprar la sopa?
5. ¿Cuántas latas de sopa necesitan?
6. ¿Qué compran de postre en la sección de los productos congelados?

B. ¿En qué sección?
Organiza estos productos según la sección del mercado.

pizza   aceite   lata de atún

mantequilla   leche   crema

lata de sopa   yogur   queso

pollo   helado   galletas

productos lácteos	conservas	productos congelados	otros productos

C. En el carrito de Lidia hay...
Lidia's mother sent her to the store. But since Lidia forgot the shopping list, the supermarket employee helps her to remember by mentioning some items. Work with a partner, alternating the roles of the employee and Lidia. Look at the pictures on the next page and indicate what Lidia is buying. Follow the model.

> **MODELO**
>
> **Empleado(a):** ¿Necesitas arroz?
> **Lidia:** *No, pero necesito pasta.*

1. ¿Necesitas harina?

2. ¿Necesitas pimienta?

3. ¿Necesitas pollo?

4. ¿Necesitas galletas?

5. ¿Necesitas yogur?

6. ¿Necesitas mayonesa?

D. Preferencias personales   Your father always likes to give you a choice when he prepares meals. He is preparing this week's menu. Tell him what you would like each day from the choices given. Then, with a partner, set up a different menu for the following week, agreeing on what to serve each day. Follow the model.

> **MODELO**   ¿Quisieras carne o pescado hoy?
> *Quisiera carne, por favor.*

1. ¿Quisieras pollo o atún el lunes?
2. ¿Quisieras yogur o helado el martes?
3. ¿Quisieras pizza o pescado el miércoles?
4. ¿Quisieras pasta o papas el jueves?
5. ¿Quisieras pollo o sopa el viernes?
6. ¿Quisieras mayonesa o aceite en la ensalada el sábado?
7. ¿Quisieras fruta o helado el domingo?

E. **¿Preparamos una sopa de vegetales?**
You have invited some friends for dinner at your house tonight.

1. Plan what foods you want to serve them. Some of your friends are vegetarians, so make sure to include vegetable soup and fruit salad.

2. With a classmate, write a shopping list including fruits, vegetables, and whatever else you would like to serve.

> **MODELO** *En la sopa podemos poner…*
> *En la ensalada de frutas podemos poner…*

¿Qué crees?

Chocolate is a product that originally came from

a) Switzerland.
b) Europe.
c) Mexico.
d) South America.

respuesta ☞

ESTRUCTURA

Asking *which* and *which ones*

The interrogative words **cuál** and **cuáles**

¿Cuáles prefieres, las manzanas verdes o las manzanas rojas?	*Which (ones) do you prefer, the green apples or the red apples?*
¿Cuál vídeo te gusta?	*Which video do you like?*

1. To ask *which* or *which one(s)* in questions, use **¿cuál?** for a singular noun and **¿cuáles?** for a plural noun.

2. Like the question word **¿qué?**, **¿cuál?** and **¿cuáles?** can also mean *what?* **¿Qué?** is used to ask for an explanation or a definition, while **¿cuál?** and **¿cuáles?** are used to indicate a choice within a group of nouns.

¿Qué es un plátano?	*What is a plantain?*
¿Qué hizo Marcos anoche?	*What did Marcos do last night?*
¿Cuál es tu dirección?	*What is your address?*
¿Cuál es tu número de teléfono?	*What is your phone number?*

Aquí practicamos

F. ¿Cuál quieres? Imagine you are babysitting for a young child who doesn't speak very clearly yet. You are trying to guess what he (she) wants by offering him (her) some choices. Follow the model.

> **MODELO** este libro grande / aquel libro pequeño
> *¿Cuál quieres, este libro grande o aquel libro pequeño?*

1. el vídeo de Mickey Mouse / el vídeo de Blanca Nieves *(Snow White)*
2. esta fruta / ese pan dulce
3. este sándwich de queso / aquél de jamón
4. este chocolate / ese jugo
5. estas uvas / esas fresas
6. este helado de chocolate / esa botella de leche

G. Preguntas personales Pretend you are applying for a part-time job in the local grocery store and the manager is asking you some personal questions. With a partner, role-play the interview, switching roles after you complete the first interview. Use **cuál** and **cuáles** in your questions. Follow the model.

> **MODELO** tu nombre
> **Estudiante 1:** *¿Cuál es tu nombre?*
> **Estudiante 2:** *Mi nombre is Ernesto Smith.*

1. tu nombre
2. tu dirección
3. tu número de teléfono
4. tus días preferidos para trabajar
5. tu modo de transporte

NOTA GRAMATICAL

Indicating *this one, that one, these ones,* and *those ones*

Demonstrative pronouns

Ese yogur no es muy bueno.   *That yogurt is not very good.*
   Éste es mejor.   *This one is better.*

Estas manzanas son rojas,   *These apples are red, those yellow,*
   ésas amarillas y **aquéllas** verdes.   *and those over there green.*

The Demonstrative Pronouns

	next to the speaker	near the speaker	far from the speaker
	this one	*that one*	*that one (over there)*
Masc. sing.	**éste**	**ése**	**aquél**
Fem. sing.	**ésta**	**ésa**	**aquélla**
Neuter. sing.	**esto**	**eso**	**aquello**
	these ones	*those ones (there)*	*those ones (over there)*
Masc. plural	**éstos**	**ésos**	**aquéllos**
Fem. plural	**éstas**	**ésas**	**aquéllas**

1. Demonstrative pronouns replace the nouns they refer to. They have the same forms as the demonstrative adjectives, but they add a written accent in most forms to differentiate them from adjectives. They also reflect the number and gender of the nouns they replace.

2. Use **esto, eso, aquello** to refer to ideas, situations, or objects in a general way. These are equivalent to the English *this, that.* These forms do not have an accent.

   Esto es muy interesante.   *This is very interesting.*
   Eso pasa.   *That happens.*
   Aquello no me gustó.   *I didn't like that.*

3. You can use adverbs of location with demonstrative pronouns to clarify or emphasize the distance of the nouns from the speaker. You already know **aquí,** and **allí.** The adverb **allá** means *over there.* Use the preposition **de** before the adverb when emphasizing a pronoun.

   ¿Quiere Ud. **esta** lechuga de **aquí, ésa** de **allí** o **aquélla** de **allá**?
   Do you want the lettuce that is here, that one there, or that one over there?

> **¿Qué piensas?**
>
> What are some other examples of words in Spanish that are sometimes written with an accent to differentiate meaning or purpose?

Aquí practicamos

H. ¿Cuál? Imagine you are doing some shopping with a friend. Because there are so many items to choose from, you have to explain which ones you are discussing. Use **éste(a), ése(a),** or **aquél(la)** in your answer, according to the cues in parentheses. Follow the model.

> **MODELO** ¿Qué libros vas a comprar? *(those ones there)*
> *Voy a comprar ésos.*

1. ¿Qué calculadora vas a comprar? (this one)
2. ¿Qué frutas vas a comprar? (those ones over there)
3. ¿Qué galletas quieres? (those ones there)
4. ¿Qué paquete de arroz quieres? (this one)
5. ¿Qué pescado vas a comprar? (that one there)
6. ¿Qué jamón quieres? (that one over there)

I. ¿Cuál prefieres? Work with a partner. Take turns playing the roles of clerk and customer in a supermarket. The clerk asks what the customer prefers. Use the cues that follow. Remember to make the pronoun agree with the noun provided. Follow the model.

> **MODELO** queso / allí
> **Estudiante 1:** *¿Qué queso prefieres?*
> **Estudiante 2:** *Prefiero ése de allí.*

1. paquete de mantequilla / allí
2. botella de aceite / allá
3. paquete de arroz / aquí
4. lata de sopa / allá
5. paquete de galletas / allí
6. lata de atún / allá
7. paquete de harina / aquí

Aquí escuchamos

Por favor, compra... Teresa and her mother talk about the groceries they need.

> **Antes de escuchar** Based on what you have learned in this **etapa,** what types of food do you think Teresa and her mother might need for a dinner party?

> **A escuchar** Listen twice to the conversation between Teresa and her mother before answering the questions about it on your activity master.

> **Después de escuchar** On your activity master, complete the following sentences in English, based on what you heard. You may want to listen to the cassette again.

1. The person who is going to do the shopping is . . .
2. The shopping will be done at . . .
3. Three of the items on the shopping list are . . .
4. Some of the fruit to be bought is . . .

A. Un picnic Work with a partner. Pretend you are at the delicatessen, planning a picnic. You have to decide what you want to buy, but you do not always agree with each other. For each suggestion you make, your partner disagrees and tells you to buy something else. Use the cues provided and follow the model. Finally, decide on five items that you both are willing to take to the picnic.

> **MODELO** estos sándwiches de atún / esos sándwiches de pollo
>
> **Estudiante 1:** *¿Vamos a llevar estos sándwiches de atún?*
> **Estudiante 2:** *No, no lleves ésos de atún. Lleva ésos de pollo.*

1. esa ensalada de frutas / aquella ensalada verde
2. esos tacos de carne / aquellos tacos de queso
3. estos licuados de banana / esos licuados de fresa
4. este helado de fresas / ese yogur de fresas
5. aquella tortilla de jamón / esa tortilla de papas
6. este pastel de fresas / aquel pastel de manzanas
7. esa salsa de tomate / esta salsa de chile
8. esa sopa de pollo / esta sopa de pescado

B. ¿Cuánto cuesta todo esto? You and two friends are planning a dinner for some classmates. You are on a tight food budget. You have only $16 to spend—$3 for beverages, $3 for dessert, and $10 for the main course **(el plato principal).**

1. Compare the prices on the lists on the next page and decide how much you can buy of each thing without going over the limit.
2. Write down what you will buy and how much you will have spent. Work with two classmates and follow the model.
3. Be prepared to report to the class your final menu and its cost.

Estudiante 1: *¿Qué vamos a servir?*
Estudiante 2: *Bueno, para el plato principal,*
¿por qué no preparamos pollo
con papas fritas y vegetales?
Estudiante 3: *A ver. El pollo cuesta...*

PRODUCTOS CONGELADOS

Pescado . . . . .1 kilo/**$5**
Pizza **$5**
Papas fritas *(fried)* **$2**
Pollo . . . . . . .2/**$5**
Vegetales **$2**
Helado **$4**

PRODUCTOS LÁCTEOS

Yogur . . . . .3/**$2**
Leche . . . . . .1 litro/**$1**
Mantequilla **$1**
Crema . . . . . .2/**$1**
Queso **$2**

OTROS PRODUCTOS

Pan **$1**
Galletas **$2**
Arroz **$2**
Pastas **$2**
Lechuga **$1**
Tomates . . . .1 kilo/**$2**

BEBIDAS

Café . . . . .1 kilo/**$5**
Refrescos . . . . .2 litros/**$2**
Agua mineral . .1 litro/**$2**
Limonada . . . .2 litros/**$3**

CONSERVAS

Sopa . . . . .2/**$1**
Atún . . . . . . .2/**$2.50**
Salsa de tomate 2/**$1.50**
Aceitunas . . . .2/**$1.50**

EN LÍNEA

Connect with the
Spanish-speaking world!
Access the *¡Ya verás!* Gold
home page for Internet activities
related to this chapter.

http://www.yaveras.heinle.com

VOCABULARIO

Para charlar

Para preguntar sobre las preferencias
¿Cuál prefieres…?
¿Cuál quieres…?

Temas y contextos

Cantidades
un atado de
una botella de
una docena de
50 gramos de
un kilo de
una libra de
una lata de
un litro de
medio kilo de
un paquete de
un pedazo de

Conservas
el aceite
el atún
la sopa

Frutas
un aguacate
una ensalada de
  frutas
una fresa
un limón
una manzana
una naranja
una pera
un plátano
una uva

Productos congelados
el helado
el pescado
el pollo

Productos lácteos
la crema
un yogur

Productos varios
el azúcar
una galleta
la harina
la mayonesa
la pasta
la pimienta
el postre
la sal

Vegetales
una cebolla
una ensalada de
  vegetales
una ensalada
  (verde)
unos guisantes
una lechuga
el maíz
una papa
un tomate
una zanahoria

Vocabulario general

Sustantivos

los alimentos
un carrito
una feria
un(a) cliente
un mercado al aire libre
un(a) vendedor(a)

Verbos

ofrecer
pasar
regatear

Adjetivos

este(a) / estos(as)
ese(a) / esos(as)
aquel(la) / aquellos(as)
amarillo(a)
fresco(a)
lleno(a)
rojo(a)
verde

Otras palabras y expresiones

éste(a) / éstos(as)
ése(a) / ésos(as)
aquél(la) / aquéllos(as)
además
allá
allí
hasta
juntos
luego
una vez

El Centro Sambil

Antes de leer

1. Is there a large shopping mall in your city or town?

2. Do you and your friends go to a mall? If you do, what kinds of things are there to do at the mall?

3. Why do you think that these days, the mall has become a kind of "home away from home" for a lot of people?

4. Do you or any of your classmates know which shopping mall is the largest in the United States? In the world?

5. **Centro Sambil,** in Caracas, Venezuela, is advertised as **el centro comercial más grande de Sudamérica.** Can you guess the meaning of **locales comerciales**? Scan the five paragraphs and try to find how many **locales comerciales** there are in the entire **Centro Sambil.**

Guía para la lectura

Review the following words and phrases before you begin reading.

nivel	*level*
autopista	*highway*
disfrutar	*to enjoy*
acceso peatonal	*pedestrian access*
al aire libre	*outdoors*
puntos de venta	*points of sale*
salón de festejos	*party and convention center*

mini-tienda

joyería

PRIMER NIVEL	SEGUNDO NIVEL	TERCER NIVEL	CUARTO NIVEL	QUINTO NIVEL
Autopista	**Acuario**	**Libertador**	**Feria**	**Diversión**
Éste, nuestro primer **nivel** comercial, se encuentra al nivel de la **autopista** Francisco Fajardo. Está distribuido alrededor de cinco plazas o puntos de encuentro. Disfrute aquí de más de 31 locales comerciales y de seis salas de cine.	En este segundo nivel puede usted **disfrutar** de un acuario marino con una gran variedad de especies marinas del Océano Pacífico. Encuentre aquí además nuestra joyería, 31 mini-tiendas y una cafetería, junto a más de 131 locales comerciales diferentes.	Este nivel se encuentra a nivel de la avenida Libertador, a la que tiene **acceso peatonal** directo. En este nivel puede encontrar usted 92 locales comerciales. Éstos están organizados alrededor de cuatro plazas. También va a encontrar nuestros restaurantes y cafés **al aire libre.**	En este nivel puede disfrutar de muchas actividades variadas y servicios diferentes. Encuentre aquí la Feria, nuestro centro de comida rápida. Hay trece **puntos de venta** diferentes. Va a encontrar en este nivel 82 locales comerciales, tres plazas y cinco salas de cine.	En éste, el quinto y más alto nivel comercial del Centro Sambil, hay toda clase de espectaculares atracciones. Aquí usted puede hacer uso de nuestros 20 locales comerciales diferentes, de nuestro salón de usos múltiples y de nuestro **salón de festejos.**

Después de leer

1. Where can you eat at the **Centro Sambil**? Where can you go to a café? To a fast-food restaurant?

2. There are **plazas** or "squares" on two different levels of the shopping center; which levels are they?

3. Is this shopping center similar to ones you have been to in the United States? How is it different?

4. What are the positive and negative aspects of large, multi-purpose shopping malls?

—Quiero comprar zapatos
nuevos.
—Pues, éstos son bonitos y no
son caros.

18

¿Qué quieres comprar?

Where do you or your family shop for clothes? At a mall, a small clothing store, or somewhere else? Why?

Objectives

In this chapter you will learn to:

- ✪ make purchases and choices
- ✪ compare people and things

Capítulo 18 ¿Qué quieres comprar? **245**

PRIMERA ETAPA

1. What are some of the clothing items that are missing in the pictures?

2. Do you know how to say *hat* in Spanish?

3. What words do you use to compare two or more objects?

"La Alta Moda"

Hay muchas tiendas en el centro comercial.

Hoy sábado Mercedes y Sarita van de compras al centro comercial en El Paso, Texas. Ellas necesitan comprar un **regalo** para el cumpleaños de Rosa. También a ellas les gusta **ir de escaparates.**

Mercedes: Aquí tienen **ropa** muy moderna.

Sarita: ¡Mira esta **falda azul**! ¡Qué linda!

Mercedes: A Rosa le va a gustar ese color. Con este **cinturón negro** es muy bonita. **Creo** que le va a gustar.

Sarita: Sí, **tienes razón.** Perfecto. Ahora yo necesito un **vestido** para mí.

Mercedes: Aquí al frente hay una boutique muy elegante.

Sarita: Hmm… entonces, **seguro** que es cara.

Mercedes: Vamos a ir de escaparates.

una chaqueta · una camisa · una blusa · un vestido · un abrigo · un impermeable · un suéter · unos pantalones · una falda · una camiseta

regalo *gift* **ir de escaparates** *go window-shopping* **ropa** *clothes* **falda azul** *blue skirt* **cinturón negro** *black belt* **creo** *I think* **tienes razón** *you are right* **vestido** *dress* **seguro** *surely*

Los colores

una camisa roja

un suéter azul

una chaqueta verde

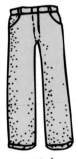

unos pantalones amarillos

una falda blanca

un impermeable negro

¡Te toca a ti!

A. De compras con Mercedes y Sarita   Contesta las preguntas sobre la conversación entre Mercedes y Sarita (página 246).

1. ¿Qué día van de compras Mercedes y Sarita?

2. ¿Dónde está el centro comercial?

3. ¿Qué necesitan comprar?

4. ¿Qué le va a gustar a Rosa?

5. ¿Qué necesita comprar Sarita?

6. ¿Por qué van a ir de escaparates a la boutique?

Para aprender

Un juego

This game can help you learn the names and colors of clothing. Describe what someone is wearing in your class without telling who it is. See if your classmates can identify the person you are decribing.

B. **¿Qué llevan hoy?** Work with a partner. Take turns asking and telling what everyone is wearing in the pictures.

MODELO   **Estudiante 1:** *¿Qué lleva Luis?*
Estudiante 2: *Lleva una camisa roja con unos pantalones blancos.*

Luis

1. Roberta

2. Nadia

3. Alfonso

4. Arturo

5. Olga

6. Esteban

C. **¿Quién lleva...?** Work with a partner. Referring to the pictures in Activity B on page 248, take turns asking who is wearing a certain article of clothing.

> MODELO   **Estudiante 1:** *¿Quién lleva una camisa roja?*
>   **Estudiante 2:** *¿Una camisa roja? Luis.*

D. **¿Dónde trabajan?** Pretend you are going to get part-time jobs at the stores listed. Tell where you're going to work and what you're going to sell.

> MODELO   tienda de música
>   *Voy a trabajar en la tienda de música. Voy a vender discos compactos y cintas.*

1. papelería

2. tienda de deportes

3. tienda de música

4. tienda de ropa para señoras

5. tienda de ropa para señores

E. **¿Qué ropa llevas a la fiesta?** Work with a partner. Pretend you are going to a special party and must decide what you're going to wear.

> MODELO   **Estudiante 1:** *¿Qué vas a llevar a la fiesta?*
>   **Estudiante 2:** *Voy a llevar unos pantalones negros y un suéter rojo. También voy a llevar...*

F. **En el mercado** Work with a partner. You need to go shopping for various fruits and vegetables.

1. Make a list of what you want to buy. At the same time, your partner (the store clerk) will make a list of what is available.

2. Act out your conversation.

> MODELO   **Estudiante 1:** *Buenos días, señorita (señor). ¿Qué desea?*
>   **Estudiante 2:** *¿Tiene fresas hoy?*
>   **Estudiante 1:** *Sí, ¿cuántas quiere?*
>   **Estudiante 2:** *Medio kilo, por favor.*
>   **Estudiante 1:** *Aquí tiene. ¿Algo más?*

Práctica

G. Escucha a tu maestro(a) leer las siguientes palabras. Después, repítelas para practicar la pronunciación.

1. lápiz	5. papel	8. malo
2. leche	6. libro	9. abuela
3. listo	7. luego	10. fútbol
4. inteligente		

¡A jugar con los sonidos!
Lilia López lamenta lavar los platos y limpiar la sala. ¡Qué lástima!

ESTRUCTURA

Making comparisons

To say *more than,* use **más ... que.** To say *less than,* use **menos ... que.**

Estas cintas son **más** caras **que** ésas.	*These tapes are more expensive than those.*
Hoy hay **menos** clientes **que** ayer.	*Today there are fewer customers than yesterday.*

A few adjectives do not make comparisons using **más** or **menos.** Rather, they have a separate word.

bueno, buen	*good*	**mejor(es)**	*better*
malo, mal	*bad*	**peor(es)**	*worse*
joven	*young*	**menor(es)**	*younger*
viejo	*old*	**mayor(es)**	*older*

Estos vestidos son **mejores que** esas blusas.	*These dresses are better than those blouses.*
Yo soy **menor que** mi hermano.	*I am younger than my brother.*

Aquí practicamos

H. ¿Cómo son?   Pretend you are talking to a new student in school who asks about you and your classmates. She has all the information wrong! Answer her questions.

> **MODELO**   ¿Pedro tiene más cintas que Juan?
> *No, Pedro tiene menos cintas que Juan.*

1. ¿Rafael tiene más hermanos que José?
2. ¿Anita tiene menos amigas que Pilar?
3. ¿Pepe tiene más paciencia que tú?
4. ¿Tomás tiene menos discos compactos que Alfonso?
5. ¿Ernesto vive más cerca de la escuela que tú?

I. ¿Cuál es mejor?   Which of the two items shown in each picture do you think is better?

> **MODELO**   falda blanca / chaqueta verde
> *Para mí, la falda blanca es mejor*
> *que la chaqueta verde.*

1.

2.

3.

4.

5.

6.

7.

8.

J. Mis amigos y yo Work with a partner. Find out who has more of the people and things listed. Record your findings in a chart.

MODELO   hermanas
> **Estudiante 1:** *¿Cuántas hermanas tienes?*
> **Estudiante 2:** *Tengo tres.*
> **Estudiante 1:** *Yo tengo menos hermanas que tú.*
> **Estudiante 2:** *Yo tengo más hermanas que tú.*

	más	**menos**
1. hermanas	Estudiante 1	Estudiante 2
2. tíos		
3. animales		
4. discos compactos		
5. cintas		
6. libros		
7. tarea		
8. camisetas blancas		

Aquí escuchamos

¿Más o menos?   Elena and Patricia discuss several items of clothing at the store.

Antes de escuchar   Based on what you have learned in this **etapa,** what clothing qualities do you think Elena and Patricia might compare?

A escuchar   Listen twice to the conversation between Elena and Patricia before answering the true-or-false questions about it on your activity master.

Después de escuchar   On your activity master, indicate whether the following statements are true or false. If a statement is false, provide the correct information. You may want to listen to the cassette again.

1. Patricia sees a blue blouse that costs $50.

2. The blue blouse is more expensive than the green one.

3. The green blouse is prettier than the blue one.

4. Patricia has a lot of money and doesn't care about the cost of the blouses.

5. Elena sees some blouses on sale that cost less than the other blouses.

6. Patricia doesn't like the white blouse.

7. Patricia says that she is going to buy a black skirt.

¡ADELANTE!

A. Mis parientes Work with a partner. Compare how many relatives (grandparents, aunts, uncles, cousins, brothers, and sisters) you both have.

MODELO

Estudiante 1: *Yo tengo tres hermanos.*
Estudiante 2: *Yo tengo menos hermanos que tú.*
Tengo un hermano.

B. Querida compañía aérea... Pretend you are traveling to Mexico to spend a year there as an exchange student and the airline has lost your luggage! They will replace all your clothing. Write a letter telling the airline exactly how many and what colors of what clothing you'll need for a year.

—A mí me gustan estos pantalones. ¿Y a ti?
—Me gustan, pero no quiero comprarlos ahora.

1. What kind of shoes do you like to wear in the summer? In the winter?

2. When you go to a shoe store, what questions do you usually ask the salespeople?

Zapatería "El Tacón"

¿Qué puedes comprar en una zapatería?

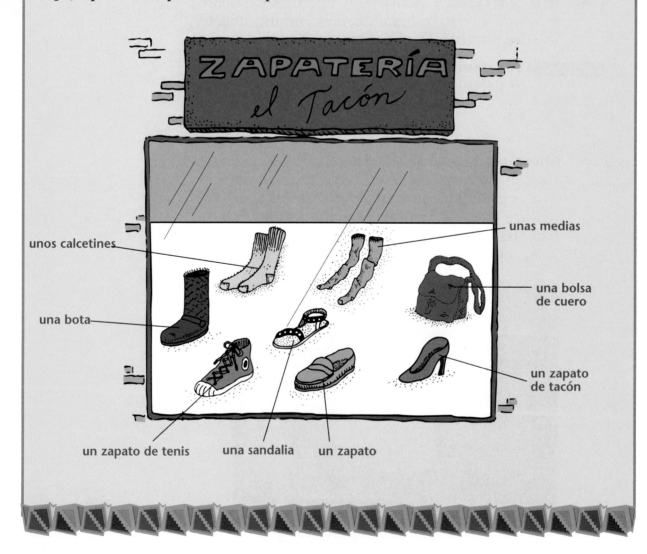

unos calcetines

unas medias

una bota

una bolsa de cuero

un zapato de tenis una sandalia un zapato

un zapato de tacón

¡Te toca a ti! ◈◈◈◈◈◈◈◈

A. En la zapatería Work with a partner. Imagine you need to buy several pairs of new footware. When the clerk (your partner) asks, tell what you want to see.

> **MODELO**
> **Estudiante 1:** *¿En qué puedo servirle?*
> **Estudiante 2:** *Quisiera ver unos zapatos de tacón. También quiero ver...*

B. ¿Qué número? Now repeat Activity A and give your shoe size to the clerk. Use your Latin American or Spanish size. Refer to the chart on page 259.

> **MODELO**
> **Estudiante 1:** *¿En qué puedo servirle?*
> **Estudiante 2:** *Quisiera ver unos zapatos de tenis.*
> **Estudiante 1:** *¿Qué número?*
> **Estudiante 2:** *Cuarenta y tres, por favor.*

C. ¿Cierto o falso? ¿Cuáles de las frases son ciertas y cuáles son falsas?

1. Llevo zapatos de tenis a una fiesta formal.

2. Compro zapatos en la carnicería.

3. A veces las señoras llevan zapatos de tacón.

4. Llevo botas en la piscina.

5. La señorita pone su dinero en una bolsa de cuero.

6. Los estudiantes no llevan zapatos a la escuela.

D. La ropa de María y de Marta Use the information in the following chart to make comparisons between María's and Marta's clothes.

MODELO *María tiene menos camisetas que Marta.*

	Maria	Marta
camisetas	5	6
faldas	2 faldas cortas	1 falda azul
	1 falda larga	1 falda amarilla
	2 faldas negras	
vestidos	1 vestido de fiesta	1 vestido de fiesta
	1 vestido rojo	4 vestidos rojos
	1 vestido verde	1 vestido verde
suéteres	5	4
cinturones	1	3
pantalones	4	2

ESTRUCTURA

Making comparisons of equality

1. tan + *adjective or adverb* + **como**

El carrito de Roberto está **tan** lleno **como** el de Ricardo.

Roberto's shopping cart is as full as Ricardo's.

Margarita compra **tan** frecuentemente **como** Linda.

Margarita shops as frequently as Linda.

2. tanto(a) + *noun* + **como**

tantos(as) + *noun* + **como**

Este señor compró **tanta** ropa **como** esa señora.

This man bought as much clothing as that woman.

Laura alquiló **tantos** vídeos **como** Sonia.

Laura rented as many videos as Sonia.

Aquí practicamos

E. Los gemelos Nicolás and Andrés are identical twins. They are the same in almost every way! Compare them.

> **MODELO** alto
> *Nicolás es tan alto como Andrés.*

1. inteligente
2. gordo
3. bueno
4. energético
5. simpático
6. guapo

F. Nicolás come tanta comida como Andrés. The twins' parents are always careful to serve them exactly the same amount of food. Describe what they have on their plates.

> **MODELO** galletas
> *Nicolás tiene tantas galletas como Andrés.*

1. papas fritas
2. pescado
3. carne
4. helado
5. queso
6. fruta
7. postre
8. pollo

G. ¡Qué pretenciosos! Work with a partner. Pretend to have a bragging contest about who has the best things. Exaggerate as much as you want!

> **MODELO** mi casa / bonita
> **Estudiante 1:** *Mi casa es tan bonita como la casa del Presidente.*
> **Estudiante 2:** *¡Ja! Mi casa es más bonita que la casa del Presidente.*

1. mis notas / altas
2. mi madre / inteligente
3. mi hermana / fuerte
4. mi padre / importante
5. mi tío / simpático
6. mi hermano / divertido

H. Comparaciones Write a sentence to compare each of the two statements.

> **MODELO** Juana escribe tres cartas a los abuelos.
> José escribe seis cartas a los abuelos.
> *Juana escribe menos cartas que José.*

1. Guillermo tiene veinte calcetines. Paco tiene catorce calcetines.

2. Susana recibe A en la clase de español. Marta recibe C en la clase de español.

3. El Sr. Velázquez tiene diez camisas. La Sra. Velázquez tiene diez camisas.

4. El león come cinco kilos de carne. El perro come un kilo de carne.

5. María lee muchas novelas todos los días. Mario lee revistas; no lee novelas

6. El billete de ida cuesta quinientas pesetas. El billete de vuelta cuesta setecientas pesetas.

7. Elsa tiene tres suéteres azules y seis suéteres rojos.

8. Federico tiene cinco lápices en su mochila. Francisca tiene ocho lápices en su mochila.

¿Qué crees?

If you went shopping in Mexico City, where would you be able to bargain?

  a) supermarket
  b) drug store
  c) open-air market
  d) department store

respuesta ☞

¡Zapatos en todo el mundo!

Shoe sizes **(tallas)** are different in Spain (and in most of Latin America) from those in the United States.

Para los señores						
Estados Unidos	8	9	10	11	12	13
España	41	42	43	44	45,5	47
Para las señoras						
Estados Unidos	4½	5½	6½	7½	8½	9½
España	35,5	36,5	38,5	39,5	40,5	42

Aquí escuchamos

¿De qué talla? Francisco goes to the shoe store, where a clerk helps him with his requests.

Antes de escuchar Review the expressions of comparison that you learned in this **etapa.** What kinds of comparisons do you expect Francisco and the sales clerk might make when talking about different shoes?

A escuchar Listen twice to the conversation between Francisco and the clerk. Pay special attention to the characteristics of the shoes they are discussing, including color, price, and size.

c

Despúes de escuchar On your activity master, circle the letter of the correct statements, based on what you heard. You may want to listen to the cassette again.

1. Francisco wants to buy . . .	4. The second pair of shoes costs . . .
a. a pair of brown shoes.	**a.** more than the first pair.
b. a pair of black shoes.	**b.** the same as the first pair.
c. a pair of white shoes.	**c.** less than the first pair.
2. The price of the first pair of shoes that the salesman brings out is . . .	5. Francisco is most concerned about . . .
a. $85.	**a.** the price of the shoes.
b. $65.	**b.** the style of the shoes.
c. $75.	**c.** the color of the shoes.
3. Francisco's shoe size is . . .	
a. 10 to 10 $^1/_2$.	
b. 9 to 9 $^1/_2$.	
c. 11 to 11 $^1/_2$.	

¡ADELANTE!

A. ¿Cuánto cuesta todo esto? Pretend you need new shoes, socks, and sandals. You have $40 to spend. Look at the ads on the next page. Compare the prices and decide where you can get the best deals.

> **MODELO** *Los zapatos de tacón son más caros en "La Casa del Zapato".*
> *Los zapatos de fiesta cuestan tanto en "La Casa del Zapato" como en la zapatería "El Tacón".*

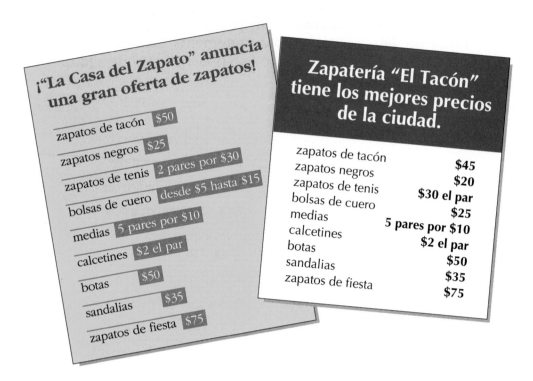

¡"La Casa del Zapato" anuncia una gran oferta de zapatos!

zapatos de tacón	$50
zapatos negros	$25
zapatos de tenis	2 pares por $30
bolsas de cuero	desde $5 hasta $15
medias	5 pares por $10
calcetines	$2 el par
botas	$50
sandalias	$35
zapatos de fiesta	$75

Zapatería "El Tacón" tiene los mejores precios de la ciudad.

zapatos de tacón	$45
zapatos negros	$20
zapatos de tenis	$30 el par
bolsas de cuero	$25
medias	5 pares por $10
calcetines	$2 el par
botas	$50
sandalias	$35
zapatos de fiesta	$75

B. Comparaciones

1. Work with a partner. Choose two stores with which you are both familiar and discuss the differences between them. Consider the following factors.

- **el lugar**
- **los precios**
- **el servicio**
- **la calidad de la ropa**
- **las marcas** (brands)
- **las tallas**
- **la variedad de la ropa**

2. Make a list of at least four differences between the two stores. Use the expressions of comparison you have learned.

3. Decide on three items that you would prefer to purchase in each store.

EN LÎNEA

Connect with the Spanish-speaking world!
Access the *¡Ya verás! Gold* home page for Internet activities related to this chapter.

http://www.yaveras.heinle.com

VOCABULARIO

Para charlar

Para hacer comparaciones
más... que
menos... que
mayor
mejor
menor
peor

Para establecer igualdad
tan... como
tanto(a)... como
tantos(as)... como

Temas y contextos

Una tienda de ropa
un abrigo
una blusa
una camisa
una camiseta
una chaqueta
un cinturón
una falda
un impermeable
unos pantalones
un suéter
la talla
un vestido

Una zapatería
una bolsa de cuero
unas botas
unos calcetines
unas medias
unas sandalias
un zapato
un zapato de tacón
un zapato de tenis

Vocabulario general

Sustantivos
una tienda de ropa
una boutique
la moda
un regalo
la ropa

Verbos
llevar

Adjetivos
azul
blanco(a)
moderno(a)
negro(a)
seguro(a)

Otras palabras y expresiones
ir de escaparates
No importa.

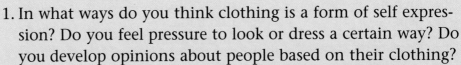

Los trajes de Guatemala

Antes de leer

1. In what ways do you think clothing is a form of self expression? Do you feel pressure to look or dress a certain way? Do you develop opinions about people based on their clothing?
2. How do you decide what colors and kind of clothing to wear? Do you still dress like you did a few years ago? If not, how has your clothing changed?
3. Look at the title of the reading and the pictures. Can you guess the meaning of the word **traje**? What do you notice about Guatemalan weaving?
4. Skim the first paragraph to get the gist. What do you think the reading will be about?

Guía para la lectura

Here are some new words and expressions that will help you understand the reading.

indígena	*native*	**plumas**	*feathers*
diseños	*designs*	**oscuros**	*dark*
faja bordada	*embroidered sash*	**ambiente**	*environment*
adorno de cabeza	*head-dress*	**labores**	*handiwork, needlework*
pájaro	*bird*		

En los Estados Unidos la mayoría de la gente va a la tienda para comprar su ropa, pero hay lugares donde la gente hace su propia ropa. Guatemala es uno de los pocos países donde la población **indígena** todavía viste su ropa tradicional —los típicos trajes. Los colores y **diseños** son espectaculares; representan los diferentes pueblos y más de 21 grupos del país.

Entre los más hermosos están los trajes de las mujeres del Nebaj, que consisten de una falda roja y amarilla, una **faja bordada,** un huipil —la tradicional blusa— y un colorido **adorno de cabeza.** Los indígenas de la tribu Tzutuhil hacen diseños de perros y barcos sobre fondos azules. No es raro que el **pájaro** nacional de Guatemala sea el quetzal —un pájaro con **plumas** brillantes de rojo y verde.

A diferencia de la ropa masculina occidental, tradicionalmente de colores **oscuros,** los hombres guatemaltecos todavía usan frecuentemente sus coloridos trajes típicos. Las mujeres normalmente siguen la tradición. Los guatemaltecos crean un **ambiente** tan bello con sus **labores** y tradiciones tan espléndidas.

Después de leer

A. Completa las frases.

1. En los Estados Unidos la mayoría de la gente va a la _____ para comprar su ropa, pero hay lugares donde la gente hace su propia ropa.

2. Guatemala es uno de los países donde la población indígena todavía viste su ropa tradicional —los típicos trajes. Los colores y _____ son espectaculares; representan los diferentes _____ y más de 21 grupos del país.

3. A diferencia de la ropa masculina, tradicionalmente de colores _____, los hombres guatemaltecos todavía usan frecuentemente sus coloridos _____ típicos.

B. La ropa tradicional
Think of ways that people identify themselves through clothing. In Guatemala, there has sometimes been pressure for the indigenous people to abandon their traditional dress. Go to the library, media center, or Internet and research typical native costumes or dress for people from any Spanish-speaking country. Find out if any of these groups still wears the traditional clothing. Create a poster showing some illustrations and pictures along with a brief explanation.

¡SIGAMOS ADELANTE!

Conversemos un rato

A. De compras Work with a partner. Role-play the following shopping situation. You and your mother (father) go shopping for clothes but have very different opinions on what you should buy.

1. Look at the pictures and tell your parent which articles of clothing you hope to buy. Mention the colors and combinations you like.

2. Your parent will react to your choices and tell you what articles of clothing and colors he or she thinks you should buy.

3. Agree on two articles of clothing to buy.

B. En la tienda de música
Pretend you and your partner are in a music store.

1. Tell your partner what type of music you like and the groups you like to listen to, and then ask about his or her favorite music and favorite groups.

2. Reach an agreement about two new cassettes or CDs you both will buy.

C. ¡Celebramos con fiesta!   In groups of three or four, role-play the following discussion: You are organizing the Spanish Club party to celebrate the end of the school year.

1. Decide on the location of the party, the menu, the activities, and the music.

2. Set a budget for each aspect of the party, then decide what each student should bring.

3. Finally, present your party plan to the entire class.

¡A escribir!

Writing Strategies

- guided description
- asking who? what? why? when? where?

Writing a short composition

Your writing skills in Spanish are getting better and better! Now you're going to use them to write one or two paragraphs about something you bought or made (for yourself or as a gift). Don't reveal exactly what the object is! Just describe everything you can about it and about how you bought or made it. Your classmates will try to guess the item.

¿quién?

A. Reflexión   Choose an item to describe, then ask yourself **¿quién? ¿qué? ¿por qué? ¿cuándo? ¿dónde?** Before you write your paragraphs, write a phrase or sentence that answers these questions. Then, elaborate on these sentences. Remember what you learned about making an outline.

B. Primer borrador   Using your sentences and outline, write a first draft of your short descriptive composition.

C. Revisión con un(a) compañero(a)   Exchange compositions with a classmate. Using the following questions as a guide, give each other suggestions for improving your writing.

1. What part of the description is the most interesting?
2. Does the description really make you try to guess what the object is?
3. Does the writing answer the questions **¿quién? ¿qué? ¿por qué? ¿cuándo? ¿dónde?**
4. What parts of the composition do you think need to be more clear or complete?
5. Can you figure out what the object is and whom it's for?

¿por qué?   ¿qué?

D. Versión final Think about the suggestions you got from your classmate. Write a final version of your short composition. Check grammar, spelling, punctuation, and accent marks.

E. Carpeta Discuss your composition with your teacher. You may choose to place your work in your portfolio and use it to evaluate your progress.

¿qué?

MODELO

La compra que hice para mi abuela

Mañana es el cumpleaños de mi abuela y tuve que comprar un regalo. Pensé mucho antes de decidir comprar esta cosa. A mi abuela le gustan muchas cosas, pero es difícil saber exactamente lo que quiere. Hablé con ella y me dijo que tiene mucho tiempo libre. La mayoría de su familia vive lejos y lo más importante para ella es comunicarse con la familia y las amigas. No le gusta hablar por teléfono pero le gusta recibir cartas. Por fin tuve una idea. Fui al centro comercial, a una papelería. ¿Saben Uds. qué decidí comprarle?

¿

¿dónde?   **?**   **¿cuándo?**

Conexión con la economía

El tipo de cambio

Para empezar Before you read, try to remember what you already know about exchange rates. The basic monetary unit in the United States is the dollar. What is the basic monetary unit of Spain? What about some other Spanish speaking countries you've studied?

Traveling in another country means you have to know something about that country's currency. You'll need to use the currency to ride the bus or metro and, of course to eat in a restaurant. You'll probably also want to buy some souvenirs. The following passage discusses **el tipo de cambio,** or the exchange rate.

Guía para la lectura

tipo de cambio	*exchange rate*
moneda	*money, currency*
gastar	*to spend*
basándose en	*based on*
esquema	*chart*

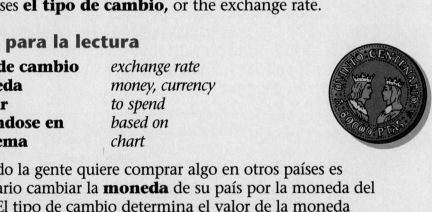

Cuando la gente quiere comprar algo en otros países es necesario cambiar la **moneda** de su país por la moneda del otro. El tipo de cambio determina el valor de la moneda de un país respecto a la moneda del otro, indicando la cantidad que se puede comprar. Por ejemplo, si se puede cambiar 125 pesetas españolas (125 ptas) por un dólar ($1) estadounidense, un español que viaja a Nueva York con 400 pesetas tiene tres dólares estadounidenses para **gastar** durante su visita. También el norteamericano que llega a Madrid con $3 recibe 400 pesetas.

El tipo de cambio varía de día en día, **basándose en** la demanda internacional de las monedas. El siguiente **esquema** indica el reciente tipo de cambio en dólares estadounidenses.

El tipo de cambio°

País (moneda)	Cantidad		Tipo de cambio		Valor en dólares
Argentina (el nuevo peso):	100	×	1,002	=	$100,20
Chile (el peso):	100	×	0,0021	=	$00,21
Colombia (el peso):	100	×	0,000755	=	$00,075
Ecuador (el sucre):	100	×	0,000222	=	$00,02
España (la peseta):	100	×	0,00645	=	$00,64
México (el nuevo peso):	100	×	0,1209	=	$12,09
Perú (el nuevo sol):	100	×	0,3675	=	$36,75
Venezuela (el bolívar):	100	×	0,0019	=	$00,19

Exchange rates change daily.

A. La moneda Answer the following questions based on the reading.

1. ¿Cuándo es necesario cambiar la moneda de un país por la de otro?

2. ¿Qué determina el valor de la moneda de un país?

3. ¿Con cuánta frecuencia cambia el tipo de cambio?

B. ¿Cuánto valen? Refer to the exchange rate chart to answer the questions.

1. ¿Qué hay en la primera columna de la izquierda del esquema? ¿La segunda? ¿La tercera? ¿La cuarta?

2. ¿Cuánto valen 100 soles peruanos en los Estados Unidos?

3. ¿Cuánto valen $12,09 dólares estadounidenses en México?

4. ¿Cuánto valen 64 centavos estadounidenses en España?

5. Jaime tiene 200 bolívares. ¿En qué país puede gastarlos? ¿Qué monedas necesita si va a la Argentina? ¿A Chile? ¿A Colombia? ¿Al Ecuador?

Vistas
de los países hispanos

Venezuela

Venezuela, located on the northern coast of South America, is a land of extremes: it is home to South America's largest lake, Lake Maracaibo; the world's highest waterfall, Salto Ángel; and the world's longest snake, the anaconda! The Caribbean coast of Venezuela is lined with beautiful tropical beaches; the Andes mountain range and the Amazon jungle are also found in Venezuela. The national dish of Venezuela is called **pabellón criollo,** made of beef, rice, black beans, cheese and fried plantain.

★ Caracas

Venezuela

EXPLORA

Find out more about Venezuela!

Access the **Nuestros vecinos** page on the ***¡Ya verás!*** *Gold* web site for a list of URLs.

http://www.yaveras.heinle.com/vecinos.htm

En la comunidad

Yolanda Miller:
representante de tus derechos

"When you go into a department store or a supermarket, you're probably thinking about what you're about to buy rather than how it came to be in the store in the first place. In my job, however, I'm focused on what's behind the scenes—who worked to make the dress you're buying or who stocked the shelves in the grocery store. I'm a union lawyer for the National Labor Relations Board, or NLRB, and it's my job to protect people's rights.

I work out of Newark, New Jersey, where there's a large Spanish-speaking population. Because I speak Spanish, most of my caseload is made up of Hispanic clients. They work in many different settings; from the clothing construction factories to the theater district of New York. It's my responsibility to enforce federal laws and help these workers be informed of their rights. That includes everything from the hours they work and the benefits they receive to their right to unionize. I also see to the environment in which they work. I ensure that their working conditions are safe and healthy.

My work is challenging and at times frustrating, but also deeply satisfying. Everything I studied in law school has now come to life in the faces of the people I represent."

¡Ahora te toca a ti!

Take a simple food or object you use on a daily basis. Try to trace its origins. For example, if you choose a loaf of bread, try to find out what went into getting that bread to your table. Who put the bread on the shelf in the store? Who delivered the bread to the store? Who made the bread? Where did the flour come from? Where did the other ingredients come from? Do as much research as you can on your one item, then draw a diagram showing all these events. In Spanish, explain your diagram to the class.

Proyectos

El centro comercial

Turn your classroom into a **centro comercial!** Work in small groups. Each group will be responsible for making a store. When the **centro comercial** is complete, take turns playing roles of **clientes** and **vendedores.**

Vas a necesitar:

- tijeras
- marcadores o lápices de colores
- cartulina de colores
- cartulina blanca
- cajas o latas vacías de alimentos
- accesorios para las tiendas

Paso 1. Decide which store each group will make. You may chose from **la tienda de música, la papelería, la tienda de deportes, la frutería, el mercado, la tienda de ropa, la zapatería.**

Paso 2. In your group, brainstorm items to put in your store. Decide how you will get or make the items and who is responsible for each one.

Paso 3. Bring in items from home for your store.

Paso 4. Create a poster with your store's name and other important information in Spanish.

Paso 5. Set up your store.

Paso 6. Go shopping! Take turns playing roles of **clientes** and **vendedores.** What will you buy?

LA MODA
Ropa para jóvenes
cinturones   suéteres   pantalones
camisetas   chaquetas

El mercado

¿qué?	¿cómo?	¿quién?
latas de sopa	wash out cans from home	Roberto
paquete de galletas	make new labels	Lucía
pasta	use empty box	Ana
mayonesa	make new label	Pedro

Una tarjeta de felicitación

Design a greeting card in Spanish!

Paso 1. Choose what kind of greeting card you'd like to make: **una tarjeta de cumpleaños, una tarjeta del día del padre, una tarjeta para la graduación, una tarjeta de gracias,** etc.?

Paso 2. Make a first draft of your card including a sketch of the art and the written text.

Paso 3. Make your greeting card.

Paso 4. Send the card to a family member or friend!

Vas a necesitar:

- marcadores o lápices de colores
- papel para dibujar

Un juego

¿Adónde vas?

Vas a necesitar:

- tarjetas pequeñas
- un lápiz o boligráfo

Play this game to match store names and items.

Paso 1. Work with a partner or in groups of four.

Paso 2. Make 10-12 pairs of index cards that include the name of a store and a piece of merchandise from that store. For example, **frutería: plátanos; papelería: sobres; tienda de ropa: camisas.** You may use store names more than once.

Paso 3. Arrange the two sets of cards (stores and items) face down on two desktops or a table.

Paso 4. When it's your turn, pick a merchandise card. Say **Necesito...** and the name of the item on your card. Then ask someone on the other team (or your partner): **¿Vas tú a...?** and the name of the store you need to go to. He (she) then picks a store card. If this person answers with the name of the store **(Sí, voy a la frutería.)** you win the match! If not, **(No, voy a la pizzería)** the other team or person gets a turn.

¡Sigamos adelante! 277

READING STRATEGIES

The chapter references in parentheses indicate the **Encuentros culturales** *sections in which the strategies are used.*

Comprehension checks
(Chapters 10, 13, 18) *Students are guided step-by-step through reading selections by questions that check text understanding in small chunks.*

Extracting specific information
(Chapters 10, 12, 13, 16, 17) *Students are guided to scan a reading selection for isolated facts. This strategy is useful in orienting students to the nature and contents of the text before they engage in intensive reading.*

Guessing text function
(Chapters 14, 15) *This strategy is an important first step in approaching a reading selection because it helps students prepare for what to expect. For example, the way a reader approaches a magazine ad is different from the way a reader approaches an encyclopedia article.*

Making inferences
(Chapters 11, 12, 17, 18) *This more sophisticated stragegy asks students to read and to draw conclusions, based on knowledge not included in the text. In other words, it guides students to go beyond what is explicitly stated in the text.*

Pre-reading activities
(Chapters 10, 11, 12, 13, 14, 15, 16, 17) *These various strategies orient students to a selection before*

they read it and activate their prior knowledge about the subject. Pre-reading strategies may include brainstorming as well as looking at headlines, titles, charts, or other contextual aids.

Scanning
(Chapters 11, 12, 14, 17) *In this strategy, students search quickly through a selection for a particular piece of information, such as a name or a date.*

Skimming
(Chapters 11, 12, 14, 15, 16, 17, 18) *Students rapidly run their eyes over a text to see the topics and ideas and determine what kind of text it is.*

Using illustrations to predict content
(Chapters 10, 13, 16, 18) *Students examine pictures and graphics elements in a selection to help them make logical guesses about the text.*

Recognizing cognates
(Chapter 16) *In this strategy, students look for Spanish words that look like English words and use the English words to guess meaning.*

Predicting
(Chapters 15, 17)

Clue searching
(Chapter 18)

WRITING STRATEGIES

The unit references in parentheses indicate the **¡A escribir!** *section in which the strategies are used.*

Making Lists (Unit 4) Using this advance organizer, students jot down ideas before beginning a writing activity.

Brainstorming (Unit 4) This strategy can be either group- or individual-based. Students think of as many ideas as possible related to a topic as a point of departure for the writing assignment.

Guided description (Units 4, 5, 6) Students are guided to compose by answering a series of questions.

Outlining (Unit 5)

Elaboration (Unit 5)

Asking who? what? why? where? when? (Unit 6)

GLOSSARY OF FUNCTIONS

The numbers in parentheses refer to the chapters in which the word or phrase may be found.

Talking about preferences

(No) me / te / le / les / nos gusta(n). (16)
Me / te / le / les / nos encanta(n). (16)
¿Cuál quieres? (17)
¿Cuál prefieres? (17)
Sí, tengo ganas de... (10, 15)
Creo que... (18)

Expressing frequency / time

algún día (12)
como de costumbre (11, 15)
el mes entero (11)
Es todo por hoy (16)
la semana entera (11)
por unos minutos (13)
  una hora (13)
  un día (13)
  dos meses (13)
  tres años (13)
una vez (17)

Making plans to go out / to go into town

¿Quieres ir conmigo? (10)
¿Para qué?
Tengo que... (10)
¿Cuándo vamos? (12)
Vamos a dar un paseo. (10)
  hacer un mandado. (10)
  ir de compras. (10)
  ver a un amigo. (10)
Vamos en autobús (10)
  a pie. (10)
  en bicicleta. (10)
  en coche. (10)
  en metro. (10)
  en taxi. (10)
Vamos hoy. (10)
  esta mañana / tarde / noche. (10)
  mañana. (10)
  mañana por la mañana. (10, 11)
  el sábado por la noche. (10, 11)
¿Cuándo tarda en llegar a... ? (12)
Tarda... (12)

Taking the subway

Por favor, un billete sencillo. (11)
  un billete de diez viajes. (11)
  un metrotour de tres días. (11)
  un metrotour de cinco días. (11)
  una tarjeta de abono transportes. (11)
  un plano del metro. (11)
Hay una estación de metro. (11)
Bajamos en... (11)
Cambiamos en... (11)
¿En qué dirección... ? (11)
una línea (11)

Making travel plans

¿Adónde esperas viajar? (12)
Queremos planear un viaje. (12)
Esperamos viajar a... (12)
Aquí estoy para servirles. (12)
¿En qué puedo servirles? (12)
¿Cuánto cuesta un viaje de ida y vuelta? (12)
  en avión? (12)
  en tren? (12)
hacer un viaje (13)
Tengo que hacer las maletas. (13)

Talking about the past

el año pasado (13)
anoche (13)
anteayer (13)
ayer (13)
ayer por la mañana (13)
ayer por la tarde (13)
ayer por la noche (13)
el mes pasado (13)
el pasado fin de semana (13)
la semana pasada (13)
¿Cuánto hace que... ? (14)
¿Qué hiciste tú ayer? (14)
Hace... que... (14)

Talking about the present

¿Qué están haciendo? (15)
Ahora estoy... (15)
Ahora mismo estoy... (15)
En este momento... (15)

Talking about the future

el próximo mes (11)
el próximo año (11)
la próxima semana (11)
este mes (11)
este año (11)
Pienso ir a... (11)
Espero hacer un viaje a... (13)
Quiero... (15)
Quisiera... (15)
Tengo ganas de... (15)

Expressing wishes and desires

Espero... (12, 15)
Quiero... (11, 15)
Quisiera (15)
Tengo ganas de... (10, 15)
No importa. (18)

Making purchases

¿Cuánto cuesta(n)? (16)
¿Qué precio tiene(n)? (16)
¿No está en oferta? (16)
A ver. (16)
¡Súper! (16)
A sus órdenes. (16)
Aquí tiene(n) (16)
No hay más. (16)
Necesito(amos) un atado de... (17)
  una botella de... (17)
  una docena de... (17)
  50 gramos de... (17)
  un (medio) kilo de... (17)
  una libra de... (17)
  un litro de... (17)
  un paquete de... (17)
  un pedazo de... (17)
¿Algo más? (16)
Es todo por hoy. (16)

Making comparisons

mayor(es) que... (18)
peor(es) que... (18)
mejor(es) que... (18)
menor(es) que... (18)
menos que... (18)
más... que... (18)
tan / tanto... como (18)

Making plans to meet

¡Claro que sí! (10)
Sí, puedo. (10)
No, no puedo. (10)
Es imposible (10)

VERB CHARTS

SIMPLE TENSES

Infinitive	Present Indicative	Preterite	Commands	Infinitive	Present Indicative	Preterite	Commands
hablar *to speak*	hablo	hablé		**aprender** *to learn*	aprendo	aprendí	aprende (no aprendas)
	hablas	hablaste	habla (no hables)		aprendes	aprendiste	aprenda
	habla	habló	hable		aprende	aprendió	aprenda
	hablamos	hablamos	hablemos		aprendemos	aprendimos	aprendamos
	habláis	hablasteis	hablad		aprendéis	aprendisteis	aprended
	hablan	hablaron	hablen		aprenden	aprendieron	aprendan
vivir *to live*	vivo	viví					
	vives	viviste	vive (no vivas)				
	vive	vivió	viva				
	vivimos	vivimos	vivamos				
	vivís	vivisteis	vivid				
	viven	vivieron	vivan				

COMPOUND TENSES

Present progressive	estoy estás está estamos estáis están	hablando	aprendiendo	viviendo

VERB CHARTS

Stem-Changing Verbs

SIMPLE TENSES

Infinitive / Present Participle / Past Participle	Present Indicative	Commands
Pensar	pienso	
to think	piensas	piensa
a → ie	piensa	piense
pensando	pensamos	pensemos
pensado	pensáis	pensad
	piensan	piensen

Change of Spelling Verbs

SIMPLE TENSES

Infinitive / Present Participle / Past Participle	Present Indicative	Preterite
comenzar	comienzo	comencé
(e → ie)	comienzas	comenzaste
to begin	comienza	comenzó
z → c	comenzamos	comenzamos
before e	comenzáis	comenzasteis
comenzando	comienzan	comenzaron
comenzado		

Infinitive / Present Participle / Past Participle	Present Indicative	Preterite
pagar	pago	pagué
to pay	pagas	pagaste
g → gu	paga	pagó
before e	pagamos	pagamos
pagando	pagáis	pagasteis
pagado	pagan	pagaron

Infinitive / Present Participle / Past Participle	Preterite
tocar	toqué
to play	tocaste
c → que	tocó
before e	tocamos
tocando	tocasteis
tocado	tocaron

SIMPLE TENSES

Infinitive / Present Participle / Past Participle	Present Indicative	Preterite	Commands
andar *to walk* andando andado		anduve anduviste anduvo anduvimos anduvisteis anduvieron	
estar *to be* estando estado	**estoy** estás está estamos estáis están	**estuve estuviste estuvo estuvimos estuvisteis estuvieron**	**está (no estés) esté estemos** estad **estén**
hacer *to make, do* haciendo **hecho**	**hago** haces hace hacemos hacéis hacen	**hice hiciste hizo hicimos hicisteis hicieron**	**haz (no hagas) haga hagamos** haced **hagan**
ir *to go* **yendo** ido	**voy vas va vamos váis van**	**fui fuiste fue fuimos fuisteis fueron**	**ve (no vayas) vaya vayamos id (no vayáis) vayan**

Infinitive / Present Participle / Past Participle	Present Indicative	Preterite	Commands
poder *can, to be able* **pudiendo** podido	**puedo puedes puede** podemos podéis **pueden**		
ser *to be* siendo sido	**soy eres es somos sois son**		**sé (no seas) sea seamos** sed **sean**
tener *to have* teniendo tenido	**tengo tienes tiene** tenemos tienen	**tuve tuviste tuvo tuvimos tuvisteis tuvieron**	**ten (no tengas) tenga** tened (no tengáis) **tengamos tengan**
querer *to like* queriendo querido	**quiero quieres quiere** queremos queréis **quieren**		

GLOSSARY

The numbers in parentheses refer to the chapters in which active words or phrases may be found.

A

a to (1)
a la izquierda on the left (8)
a la una de la tarde at one in the afternoon (9)
a las cinco de la mañana at five in the morning (9)
a las nueve de la noche at nine in the evening (9)
a menudo frequently, often (7)
a pesar de in spite of
a pie on foot, walking (10)
¿A qué hora? At what time? (9)
A sus órdenes. At your service. (16)
a veces sometimes (1)
A ver. Let's see. (16)
al aire libre open-air, outdoors (17)
al extranjero abroad (16)
al final de at the end of (8)
al lado de beside, next to (8)
abrazo *m.* embrace, hug (1)
Un abrazo de... Affectionately (a hug from)...
abogado(a) *m. (f.)* lawyer (3)
abrigo *m.* coat (17)
abuela *f.* grandmother (6)
abuelo *m.* grandfather (6)
aburrido(a) bored, boring (6)
acabamos de we have just finished (2)
acabar de... to have just . . . (2)
acceso peatonal *m.* pedestrian access (17)
acción *f.* action (9)
aceite *m.* oil (17)
aceite de oliva *m.* olive oil
aceituna *f.* olive (2)
¡adelante! go ahead!
además besides (4, 17)
adiós goodbye (1)
admiradores(as) *m. (f.)* fans (15)
¿adónde? where? (7)
adorno *m.* decoration
adorno de cabeza *m.* head-dress (17)
adverbio *m.* adverb (1)

aeropuerto *m.* airport (7)
agencia de viajes *f.* travel agency (12)
agilidad agility (15)
agua *f.* water (1)
aguacate *m.* avocado (2, 17)
ahora now (9, 15)
ahora mismo right now, immediately (15)
al contraction of **a** + **el** (7, 8)
alemán (alemana) *m. (f.)* German (3)
Alemania Germany (3)
alfombra *f.* rug, carpet (4)
algo something (1)
¿Algo más? Anything else? (16)
alguno(a) some, any
algún día someday (12)
alimento *m.* food (3, 17)
allá over there (17)
allí there (4, 17)
alrededor around
alto(a) tall (6)
almorzar to have lunch (12)
alpinismo *m.* mountain climbing, hiking (14)
alquilar un vídeo to rent a video (13)
alumno(a) *m. (f.)* student (4)
amarillo(a) *yellow* (17)
ambiente *m.* atmosphere, surrounding, environment (18)
americano(a) *m. (f.)* American (3)
amigo(a) *m. (f.)* friend (1, 2)
andar to go along, walk (13)
andar en patinete to skateboard (14)
anillo *m.* ring (16)
animal *m.* animal (5)
angostas narrow (8)
anoche last night (13)
anteayer the day before yesterday (13)
antes before (12)
antipático(a) disagreeable (6)
anunciar to announce (9)
anuncio *m.* advertisement
año *m.* year (7, 13)
el año pasado *m.* last year (13)

apartamento *m.* apartment (4)
apellido *m.* last name (6)
aprender to learn (5)
aquel(la) / aquellos(as) that / those (far from the speaker) (17)
aquél(la) / aquéllos(as) that one / those ones (far from the speaker) (17)
aquello *n.* that one (far from the speaker) (17)
aquí here (1)
Aquí estoy para servirles. I am here to help you. (12)
aquí hay here is/are (2)
Aquí hay otra Here is another (3)
Aquí tienen ustedes. Here you are. (1, 16)
aretes *m.* earrings (16)
Argentina Argentina (3)
argentino(a) *m. (f.)* Argentine (3)
arroz *m.* rice (3)
arte *m.* or *f.* art (5)
asistir a to attend (13)
atado *m.* bunch (17)
atún *m.* tuna (17)
aunque although
autobús *m.* bus (4)
estación de autobuses *m.* bus terminal (7)
autopista *f.* highway (17)
ave *f.* bird, fowl
avionetas *f.* small, two-engine planes (11)
ayer yesterday (13)
ayer por la mañana yesterday morning (13)
ayer por la tarde yesterday afternoon (13)
ayudar to help
azúcar sugar (3, 17)
azul blue (17)

B

bailar to dance (1)
baile *m.* dance (9)
baile folklórico *m.* folk dance (9)

baile popular *m.* popular dance (9)

bajar to go down, to lower, to get off a train (11)

bajar de peso to lose weight (15)

bajo(a) short (6), *prep.* under

baloncesto *m.* basketball (14)

banco *m.* bank (7, 8)

barato(a) cheap (11, 16)

barco *m.* boat (11)

barrio *m.* neighborhood

basándose based on (18)

básquetbol *m.* basketball (5)

bastante enough (1)

Bastante bien. Pretty good. (1)

bate *m.* bat (15)

baúl *m.* trunk (2)

beber to drink (5)

bebida *f.* drink, beverage (1)

bebida caliente *f.* hot beverage (1)

bebida fría *f.* cold beverage (1)

béisbol *m.* baseball (5, 15)

biblioteca *f.* library (7)

bicicleta *f.* bicycle (4)

bien well, fine; very (1)

bienvenido(a) welcome (3)

billete *m.* ticket (11)

billete de diez viajes *m.* ten-trip ticket (11)

billete de ida y vuelta *m.* round-trip ticket (12)

billete sencillo *m.* one-way ticket (11)

biología *f.* biology (5)

blanco(a) white (18)

blusa *f.* blouse (18)

bocadillo *m.* sandwich (French bread) (1)

bolígrafo *m.* ball-point pen (4)

Bolivia Bolivia (3)

boliviano(a) *m. (f.)* Bolivian (3)

bolsa *f.* bag (18)

bolsa de cuero *f.* leather bag (18)

bonito(a) pretty, nice-looking (6, 16)

bordar to embroider (18)

borrador *m.* eraser (4)

botas *f.* boots (18)

botella *f.* bottle (1, 17)

botella de agua mineral *f.* bottle of mineral water (1)

boutique *f.* boutique (18)

bucear to snorkel, to dive (14)

buceo *m.* snorkeling, diving (14)

bueno(a), buen good (3, 6, 18)

Buen ojo Good eye (16)

¡Bueno! Hello? (answering the phone) (7)

Buenas noches. Good evening. / Good night. (1)

Buenas tardes. Good afternoon. (1)

Buenos días. Good morning. (1)

Burbujas *f.* Bubbles (10)

buscar to look for (8)

C

caballo *m.* horse

Caballo de acero *m.* Iron horse (name of a cycling club) (4)

cacahuete *m.* peanut (2)

cada each, every (6)

café *m.* café, coffee (1)

café con leche *m.* coffee (with milk) (1)

cafetines *m.* small coffee shops (7)

caja *f.* box (4)

caja de zapatos *f.* shoe box (4)

calamares *m.* squid (2)

calcetines *m.* socks (18)

calculadora *f.* calculator (4)

caliente hot (1)

calle *f.* street (8)

cama *f.* bed (4)

cámara *f.* camera (4)

camarero(a) *m. (f.)* waiter (waitress) (1)

camarones *m.* shrimp (2)

cambiar to change (11)

cambio *m.* change, alteration (11)

caminar to walk (13)

caminos *m.* roads, paths (11)

camisa *f.* shirt (18)

camiseta *f.* T-shirt (18)

campeonato *m.* championship (4)

Canadá Canada (3)

canadiense *m. or f.* Canadian (3)

cansado(a) tired (9)

cantante *m. or f.* singer

cantar to sing (1)

cantidad *f.* quantity (17)

carne *f.* meat (3)

carnicería *f.* butcher shop (7)

caro(a) expensive, costly (16)

carrito *m.* shopping cart (17)

carta *f.* letter

cartera *f.* wallet (4)

cartón *m.* cardboard (4)

cartulina blanca *f.* white poster board (4)

cartulina de colores *f.* colored construction paper (4)

casa *f.* house (4)

casado(a) married (6)

cataratas *f.* waterfalls (12)

catarro *m.* common cold (4)

catedral *f.* cathedral (7)

catorce fourteen (4)

cebolla *f.* onion (17)

celebrar to celebrate (9)

cenar to have supper (13)

centro *m.* center, downtown (4)

centro comercial *m.* shopping center (16)

cerca (de) near, close to (8)

cero zero (4)

cerrar to close

¡Chao! Bye!, See you later! (1)

chaqueta *f.* jacket (18)

charlar to chat (1)

chico(a) *m. (f.)* boy (girl)

chile *m.* hot pepper (3)

Chile Chile (3)

chileno(a) *m. (f.)* Chilean (3)

China China (3)

chino(a) *m. (f.)* Chinese (3)

chisme *m.* gossip (2)

chocolate *m.* chocolate (1)

chorizo *m.* sausage (2)

churros *m.* sugared fried dough (3)

ciclismo *m.* cycling (4, 12)

cien one hundred (7, 12)

ciencias *f.* science (5)

ciento one hundred (12)

ciento veinte a hundred and twenty (12)

cinco five (4)

cincuenta fifty (7)

cine *m.* movie theater (7)

cinta adhesiva *f.* roll of adhesive tape (4)

cinta *f.* tape (cassette) (4)

cinturón *m.* belt (18)
ciudad *f.* city (6)
Ciudad de México *f.* Mexico City (6)
¡Claro que sí! Of course! (10)
cliente *m.* customer, client (17)
cita *f.* date, appointment (10)
club *m.* club (7)
coche *m.* car (4)
cocinar to cook (13)
cola *f.* tail (9)
colegio *m.* school (7)
collar *m.* necklace (16)
Colombia Colombia (3)
colombiano(a) *m. (f.)* Colombian (3)
comedor *m.* dining room
comentar to comment (3)
comentario *m.* commentary
comenzar to begin
comer to eat (1, 5)
cometas *m.* kites (9)
comida *f.* food, meal (1)
comida mexicana Mexican food (3)
comisaría *m.* police station (9)
como as, like (11)
como de costumbre as usual (11)
¿cómo? how?, what? (1, 2, 3, 8)
¿Cómo es? / son? How is it / are they? (6)
¿Cómo está Ud.? How are you? (formal) (2)
¿Cómo estás? How are you? (informal) (1)
¿Cómo llego a...? How do I get to...? (8)
¿Cómo te llamas? What's your name?
¿Cómo te va? How is it going? (1)
cómoda *f.* dresser (4) comfortable
comparación *f.* comparison (18)
compartir to share (5)
competencia *f.* competition (4)
comprar to buy (13)
comprender to understand (5)
computadora *f.* computer (4)
con with (1)
concierto *m.* concert (13)
concurso de poesía *m.* poetry contest (9)

congelado(a) frozen (17)
conmigo with me (10)
¿Con qué frecuencia? How frequently? (7)
conservas *f.* packaged, canned goods (17)
construir to build
contador(a) *m. (f.)* accountant (3)
contar to tell, to count (4)
contento(a) happy (9)
contestar to answer (1)
continuar to continue (9)
contra against
conversación telefónica *f.* telephone conversation (7)
corazón *m.* heart (15)
correo electrónico *m.* e-mail (4)
correr to run (5)
corrida de toros *f.* bullfight (9)
corto short (in length)
cosa *f.* thing (4)
Costa Rica Costa Rica (3)
costarricense *m.* or *f.* Costa Rican (3)
costumbre *f.* custom
creo I think (18)
crema *f.* cream (17)
croissant *m.* croissant (1)
cruzar to cross (8)
cuaderno *m.* notebook (4)
cuadrado *m.* square
¿cuál? which? (17)
¿Cuál prefieres...? Which do you prefer... ? (17)
¿Cuál quieres...? Which do you want... ? (17)
cualidades *f.* attributes, traits (15)
cualquier any (13)
¿cuándo? when? (9)
¿cuántos(as)? how many? (6)
¿Cuánto cuesta(n)? How much do(es) it (they) cost? (16)
¿Cuánto hace que...? How long has it been that...?
¿Cuánto tarda? How long does it take? (12)
¿Cuántos años tienes? How old are you? (7)
¿Cuántos hay? How many are there? (4)
cuarenta forty (7)

cuarto *m.* room (4)
cuatro four (4)
cuatrocientos(as) four hundred (12)
Cuba Cuba (3)
cubano(a) *m. (f.)* Cuban (3)
cucharadas *f.* tablespoons (3)
cuero leather (18)
cuerpo *m.* body (15)
cuesta it costs (11)
cumple turns (a certain age)
cuñado(a) *m. (f.)* brother (sister) in-law (4)

D

dar to give (8)
dar direcciones give directions (8)
dar un paseo take a walk (10)
datos *m.* facts (12)
de of (3)
de acuerdo OK (we are in agreement) (9)
de costumbre usually (15)
¿De dónde es (eres)? Where are you from? (3)
De nada. You're welcome. (1)
¿De quién es... ? Whose is it? (4)
¿De quién son...? Whose are they? (4)
de piedra stone cobbled (8)
de vez en cuando from time to time (7)
deber to owe, must, should (10)
debes you must (10)
decir to say (16)
dejar to leave, to relinquish
del contraction of **de** + **el** (8)
delante de in front of (8)
delgado(a) thin (6)
delicioso(a) delicious (3)
demás rest, remaining
dentista *m.* or *f.* dentist (3)
dentro inside
deportes *m.* sports (5)
deportista sportsman, sportswoman
derecha right (8)
derecho(a) straight (8)
desahogar (to) ease pain (10)
desahogarse unburden themselves (10)

desayunar to eat breakfast (13)
desayuno *m.* breakfast (1)
descansar to rest (9)
descremada skimmed (3)
desde from (9)
desear to want, wish for (1)
desde la(s)... hasta la(s) from... until (9)
desfile *m.* parade (9)
despedidas *f.* goodbyes, farewells (1)
despedirse to say goodbye (1)
después de after (1)
detrás de behind (8)
día *m.* day (9, 10)
día de feria market day (17)
Día de la Independencia *m.* Independence Day (9)
dibujo *m.* drawing
dibujos animados animated films, cartoons
diecinueve nineteen (4)
dieciocho eighteen (4)
dieciséis sixteen (4)
diecisiete seventeen (4)
diez ten (4)
¡Diga! / ¡Dígame! Hello? (answering the phone) (7)
dinero *m.* money (2)
dirección *f.* direction, address (7)
disco compacto *m.* compact disc (4)
discoteca *f.* dance club (7)
disculpar to pardon (7)
discutir to discuss (3), to argue (12)
diseños *m.* designs (18)
disfrutar to enjoy (17)
diversas(os) different (15)
divertido(a) fun, amusing (6)
doblar to turn (8)
doce twelve (4)
docena *f.* dozen (17)
doctor(a) *m. (f.)* doctor (3)
dominicano(a) *m. (f.)* Dominican (3)
domingo Sunday (10)
¿dónde? where? (6)
¿Dónde está... ? Where is . . . ? (8)
¿Dónde hay... ? Where is / are there . . . ? (4)

dormir to sleep (15)
dos two (4)
doscientos(as) two hundred (12)
dueño(a) *m. (f.)* owner
durante during (15)

E

Ecuador Ecuador (3)
ecuatoriano(a) *m. (f.)* Ecuadoran (3)
edad *f.* age (7)
edificio *m.* building (7)
ejemplo *m.* example
por ejemplo for example
ejercicio aeróbico *m.* aerobic exercise (14)
el *m.* the (2)
él he (2)
El Salvador El Salvador (3)
eleva flies (9)
ella she (2)
ellos(as) *m. (f.)* they (2)
embajador(a) *f.* ambassador (10)
empezar to begin
en in (1)
en avión by air, by plane (12)
en bicicleta by bicycle (10)
en coche by car (10)
en este momento at this moment (15)
en la esquina de... at the corner of... (8)
en metro by subway (10)
en oferta on sale (16)
en otra oportunidad at some other time (7)
¿En qué dirección? In which direction? (7, 11)
¿En qué puedo servir(les)? How can I help you? (plural) (12)
en taxi by taxi (10, 11)
encantar to delight (16), to charm
encantado(a) delighted (2)
enchilada *f.* soft, corn tortilla filled with cheese, meat, or chicken
encuesta *f.* survey
enfermero(a) *m. (f.)* nurse (3)
enfermo(a) sick (9)
enojado(a) angry, mad (9)

ensalada (verde) *f.* (green) salad (17)
ensalada de frutas *f.* fruit salad (17)
entero whole (11)
entonces then (9)
entrada entrance ticket, entry (11)
entre between (8)
entrenar to train (4)
equipo *m.* team (13)
escaparate *m.* display window (16)
escribir to write (5)
escrito written
escritorio *m.* desk (4)
escuchar to listen (to) (1)
escuela *f.* school (4)
escuela secundaria *f.* high school (7)
escultura *f.* sculpture (5)
Es de... It belongs to... (4)
Es todo por hoy. That's all for today. (16)
ese(a) / esos(as) that / those (near the speaker) (17)
ése(a) / ésos(as) *m. (f.)* that one / those ones (near the speaker) (17)
eso *n.* that (near the speaker) (17)
espacio *m.* space
España Spain (3)
español(a) *m. (f.)* Spaniard, Spanish (1)
especia *f.* spice
especial special (11)
especie *f.* species
esperar to wait, to hope (12)
Esperamos. We hope. (12)
espíritu *m.* spirit
esposa *f.* wife (6)
esposo *m.* husband (6)
esquema *m.* chart, diagram (15, 18)
esquí acuático water ski (14)
esquíes *m.* skis (16)
esquina *f.* corner (8)
en la esquina de... on the corner of... (8)
estación *f.* station (7)
estación de autobuses *f.* bus terminal (7)

estación de metro *f.* subway station (11)
estación de policía *f.* police station (7)
estación de trenes *f.* train station (7)
estacionamiento *m.* parking lot (8)
estadio *m.* stadium (7)
Estados Unidos United States (3)
estadounidense *m.* or *f.* American, from the United States (3)
estante *m.* book shelf (4)
estar to be (8)
Está al final de... It's at the end of... (8)
está casado(a) con is married to (6)
¿Está cerca (lejos) de aquí? Is it near (far) from here? (8)
estar en forma to be in shape
estoy I am at (2)
(Estoy) Bien, gracias. ¿Y Ud.? I am fine, thanks. And you? (2)
este(a) / estos(as) this / these (next to the speaker) (1, 17)
éste(a) / éstos(as) *m. (f.)* this one / these ones (next to the speaker) (3, 4, 5, 17)
esto *n.* this (next to the speaker) (17)
estéreo *m.* stereo (4)
estrella *f.* star
estudiante *m.* or *f.* student (3)
estudiar to study (1)
etapa *f.* stage, phase
evitar to avoid (15)
éxito *m.* success
expresar to express (1)
expresión *f.* expression (1)

F

fácil easy
faja *f.* sash, band (18), girdle
falda *f.* skirt (18)
familia *f.* family (6)
famoso(a) famous
farmacia *f.* pharmacy, drugstore (7, 8)
favorito(a) favorite (16)
feo(a) ugly, plain (6)

feria *f.* fair (9, 17)
fiesta *f.* party (9)
Fiesta del pueblo *f.* religious festival honoring a town's patron saint (9)
fin *m.* end (10)
fin de semana *m.* weekend (10, 13)
finalmente finally (14)
firmar to sign (15)
flan *m.* caramel custard (3)
flecha *f.* arrow
florería *f.* flower shop (7)
frac *m.* tuxedo/ coat and tails (16)
francés (francesa) *m. (f.)* French (3)
Francia France (3)
frecuentemente frequently
frente a across from, facing (8)
fresa *f.* strawberry (1, 17)
fresco(a) fresh (17)
frío(a) cold (1)
frijoles *m.* beans (2, 3)
fruta *f.* fruit (17)
fuegos artificiales *m.* fireworks (9)
fui I went (13)
fuiste you went (13)
fútbol *m.* soccer (5)
fútbol americano *m.* football (5)
futuro future (15)

G

galleta *f.* biscuit, cookie (17)
gambas *f.* shrimp (2)
ganar win (5)
ganar dinero to earn money (2)
gastar to spend, to waste (18)
gato *m.* cat (5)
gente *f.* people
gimnasio *m.* gym (13)
golf *m.* golf (14)
golosinas *f.* sweets, candy (9)
golpear to hit (15)
gordo(a) fat (6)
grabadora *f.* tape recorder (4)
gracias thank you (1)
gramo *m.* gram (17)
granadina *f.* grenadine (1)
grande large, big (6)

grasa *f.* fat (3)
gratis free
grupo *m.* group (1)
guante *m.* glove (15)
guapo(a) handsome (6)
Guatemala Guatemala (3)
guatemalteco(a) *m. (f.)* Guatemalan (3)
guayaba *f.* guava (17)
guitarra *f.* guitar (14)
guisantes *m.* peas (2, 17)
gustar to like (1)
gusto *m.* taste (5)

H

habilidad *f.* ability (15)
hablar to talk (1)
hacer to do, to make (10)
hacer ejercicio to exercise (13)
hacer la cama to make the bed (13)
hacer las maletas to pack (13)
hacer un mandado to do an errand (13)
hacer un viaje to take a trip (13)
hamburguesa *f.* hamburger (3)
harina *f.* flour (17)
hasta until (8, 9, 17)
Hasta luego. See you later. (1)
hay there is / are (4)
helado *m.* ice cream (3, 17)
hermana *f.* sister (6)
hermanastra *f.* stepsister (6)
hermanastro *m.* stepbrother (6)
hermano *m.* brother (6)
hermoso(a) beautiful
herradura *f.* horseshoe (12)
hielo *m.* ice
hija *f.* daughter (6)
hijastro *m.* stepchildren (4)
hijos *m.* son (6)
hispano(a) *m. (f.)* Hispanic (9)
historia *f.* history, story
hockey *m.* hockey (14)
hockey sobre hierba *m.* field hockey (14)
¡Hola! Hello! (1)
hombre *m.* man (3)
hombre (mujer) de negocios *m. (f.)* businessman (businesswoman) (3)
Honduras Honduras (3)

hondureño(a) *m. (f.)* Honduran (3)
hoja *f.* leaf, sheet of paper (16)
hora *f.* hour (9, 14)
horario *m.* schedule (11)
hospital *m.* hospital (7)
hotel *m.* hotel (7, 8)
hoy today (10)
huevo *m.* egg (3)
huevos revueltos *m.* scrambled eggs (3)

I

ida y vuelta round trip (12)
idea *f.* idea (9)
iglesia *f.* church (7)
igual equal
igualdad *f.* equality (18)
Igualmente. Likewise. (2)
impermeable *m.* raincoat (18)
imposible impossible (10)
ingeniero(a) *m. (f.)* engineer (3)
Inglaterra England (3)
inglés (inglesa) *m. (f.)* Englishman (Englishwoman), English (3)
indígena native (18)
inteligente intelligent (6)
intercambio *m.* exchange (3)
interesante interesting (6)
invierno *m.* winter
invitar to invite (13)
ir to go (7)
ir a... to be going to... (10)
ir de camping go camping (14)
ir de compras go shopping (10)
ir de escaparates go window-shopping (18)
ir de pesca go fishing (14)
Italia Italy (3)
italiano(a) *m. (f.)* Italian (3)
izquierda left (8)

J

jamón *m.* ham (1)
Japón Japan (3)
japonés (japonesa) *m. (f.)* Japanese (3)
jazz *m.* jazz (5)
joven *m.* or *f.* young person (11, 18), young

joya *f.* jewel
joyería *f.* jewelry store (17)
jueves Thursday (10)
jugar play (11, 14)
jugar al baloncesto, básquetbol to play basketball (14)
jugar al golf to golf (14)
jugar al hockey to play hockey (14)
jugar al hockey sobre hierba to play field hockey (14)
jugador(a) *m. (f.)* player
jugo *m.* juice (1)
jugo de naranja *m* orange juice (1)
juguete *m.* toy
junto(a) together (17)
juventud *f.* youth

K

kilo *m.* kilogram (17)
medio kilo half kilo (17)
kilómetro *m.* kilometer (12)

L

la *f.* the (2, 4)
labores *f.* handiwork, tasks (18)
lácteo(a) dairy (17)
producto lácteo *m.* dairy product (17)
lanzador *m.* pitcher, thrower (15)
lanzar pitch, throw (15)
lápices de colores *m.* colored pencils (4)
lata *f.* tin, can (17)
lápiz *m.* pencil (4)
largo long
las *f.* the (plural) (4)
leche *f.* milk (1)
lechuga *f.* lettuce (17)
leer to read (5)
lejos (de) far (from) (8)
lengua *f.* language, tongue (5)
leña *f.* firewood (11)
levantar to lift (14)
levantar pesas to lift weights (14)
leyenda *f.* legend
libra *f.* pound (15, 17)

librería *f.* bookstore (7, 9)
libro *m.* book (4)
licuado *m.* milkshake (1)
licuado de banana *m.* banana shake (1)
liga *f.* league (15)
limón *m.* lemon (1, 17)
limonada *f.* lemonade (1)
línea *f.* line (11)
línea aérea *f.* airline (11)
listo(a) ready (9)
litro *m.* liter (17)
llamar to call
llamarse to be called
llave *f.* key (4)
llegar to arrive (8)
lleno(a) full (17)
llevar to take, carry (4, 18)
llover to rain
loco crazy (2)
logros *m.* achievements (15)
los *m.* the (plural) (4)
Los extraño... I miss you (plural)... (6)
luego then, afterwards (14)
Luego pasan por Then they go by (17)
lugar *m.* place, location (7)
luna *f.* moon (12)
lunes Monday (10)
luz *f.* light

M

madera *f.* wood (11)
madrastra *f.* stepmother (6)
madre *f.* mother (6)
maíz *m.* corn (17)
mal poorly (1, 18)
maleta *f.* suitcase (2)
malo(a) bad (3, 6, 18)
mamá mother, mom (2)
manera *f.* way (3, 10)
mañana *f.* morning, tomorrow (10)
mañana por la mañana tomorrow morning (10)
mañana por la noche tomorrow night (10)
mañana por la tarde tomorrow afternoon (10)
mantener to maintain
mantequilla *f.* butter (1)

mantequilla de cacahuete *f.* peanut butter (3)

manzana *f.* apple (3, 17)

marcadores *m.* markers (4)

martes Tuesday (10)

máquina *f.* machine (4)

máquina de escribir *f.* typewriter (4)

más more (2)

más o menos so-so (1)

más... que more... than (18)

mayonesa *f.* mayonnaise (17)

mayor(es) older (18)

mayoría *f.* majority

me despido I have to go (6)

medio means of (4), half (17)

medianoche *f.* midnight (9)

médico *m.* doctor (3)

medias *f.* stockings (18)

medio *m.* middle, means (4),

medio(a) half (17)

medio de transporte *m.* means of transportation (4)

mediodía *m.* midday, noon (9)

mejor(es) better, best (9, 18)

Me llamo... My name is . . . (4)

melocotón *m.* peach (2)

menor(es) younger (18)

menos less; minus (4)

menos... que less... than (18)

mensajero(a) *m. (f.)* messenger (9)

mercado *m.* market (7)

mercado al aire libre *m.* open-air (outdoor) market (17)

merienda *f.* snack (1)

mermelada *f.* jelly (1)

mes *m.* month (11)

mes entero *m.* whole month (11)

mes pasado *m.* last month (13)

metro *m.* subway (10)

metrotour de tres días *m.* three-day tourist ticket

mexicano(a) *m. (f.)* Mexican (3)

México Mexico (3)

mí me (1)

mil one thousand (12)

milla *f.* mile (12)

millón one million (12)

mi(s) my (plural) (4)

mis gustos my likes (5)

mientras in the meantime

miércoles Wednesday (10)

minitienda *f.* convenience store (17)

minuto *m.* minute (14)

mirar to look at, to watch (2)

¡Mira! Look! (3)

misa *f.* mass (9)

misa de Acción de Gracias *f.* Thanksgiving mass (9)

mismo(a) same

mitad *f.* half

mochila *f.* knapsack (4)

moda *f.* fashion, style (18)

moderno(a) modern (18)

moneda *f.* money, currency (18), coin

montar to ride (13)

montar en bicicleta to ride a bicycle (13)

moreno(a) *m. (f.)* dark-haired, brunette (6)

motocicleta *f.* motorcycle (4)

muchacha *f.* young woman (4)

muchacho *m.* young man (4)

mucho(a) a lot (1)

muchísimo very much (1)

Muchas gracias. Thank you very much. (1)

Mucho gusto. Nice to meet you. (1, 2)

mujer *f.* woman (3)

mundo *m.* world

museo *m.* museum (7, 8)

música *f.* music (1)

música clásica *f.* classical music (5)

música rock *f.* rock music (5)

muy very (1)

Muy bien, gracias. Very well, thank you. (1)

muy poco very little (1)

N

nacer to be born

nacionalidad *f.* nationality (3)

nada nothing (13)

nadar to swim (13)

nadie nobody

naranja *f.* orange (1, 17)

natación *f.* swimming (14)

naturaleza *f.* nature (5)

navegación a vela *f.* sailing (14)

necesitar to need (2)

negocio *m.* business (3)

negro(a) black (18)

Nicaragua Nicaragua (3)

nicaragüense *m.* or *f.* Nicaraguan (3)

niña *f.* girl, baby

niño *m.* boy, baby

nivel *m.* level (17)

no no; not (1)

no hacer nada to do nothing (13)

No hay más. There are no more. (16)

No importa. It doesn't matter. (18)

No puedo ir. I can't go. (10)

noche *f.* night (9)

esta noche tonight (7)

nocturno(a) nocturnal, of the night, nighttime (12)

nombre *m.* name (6)

norte *m.* north

norteamericano(a) *m. (f.)* North American (3)

nos encontramos we meet (9)

Nos vemos. See you. (1)

nosotros(as) *m. (f.)* we (1)

novecientos(as) nine hundred (12)

noventa ninety (7)

novia *f.* girlfriend (5)

novio *m.* boyfriend (5)

nuestro(a) our (4)

nueve nine (4)

nuevo(a) new (12)

número *m.* number (7)

nunca never (7)

O

o or (12)

ocho eight (4)

ochenta eighty (7)

ochocientos(as) eight hundred (12)

ofrecer to offer (17)

oferta *f.* sale (16), offer

oficina de correos *f.* post office (7, 9)

ojo *m.* eye

oleaje *m.* surf (14)

once eleven (4)

orden *m.* order (12)
A sus órdenes. At your service. (12)
oreja *f.* ear
oro *m.* gold
oscuro(a) dark (18)
otro(a) other, another (11)
otra cosa *f.* another thing (11)

P

padrastro *m.* stepfather (6)
padre *m.* father (6)
padres *m.* parents (2)
pagar to pay (12)
país *m.* country (3)
paisaje *m.* landscape
pájaro *m.* bird (5, 18)
pajita *f.* straw (for drinking) (2)
palabra *f.* word (1)
pan *m.* bread (1)
pan dulce *m.* any kind of sweet roll (1)
pan tostado *m.* toast (1)
panadería *f.* bakery (7)
Panamá Panama (3)
panameño(a) *m. (f.)* Panamanian (3)
pantalones *m.* pants, trousers (18)
papa *f.* potato (17)
papitas *f.* potato chips (3)
papel *m.* paper (16)
papel de avión *m.* air mail stationery (16)
papel para escribir a máquina *m.* typing paper (16)
papelería *f.* stationery store (16)
paquete *m.* package (17)
para for, in order to (1, 17)
para despedirse to say goodbye (1)
para que in order that
¿Para qué? For what reason?
Paraguay Paraguay (3)
paraguayo(a) *m. (f.)* Paraguayan (3)
pariente *m.* relative (4, 6)
parientes políticos *m.* in-laws (4)
parque *m.* park (7)
parque zoológico *m.* zoo (13)
partido *m.* game (13)

pasado past, last (13)
el pasado fin de semana last weekend (13)
el pasado *m.* the past
pasar to pass (2), to happen (occur) (13)
pasar tiempo to spend time (13)
paseo *m.* walk, stroll (10)
pasta *f.* pasta (17), paste
pastel *m.* pastry, pie (1)
patata *f.* potato (2)
patatas bravas *f.* cooked potatoes diced and served in spicy sauce (2)
patinar to roller skate (14)
patinar sobre hielo to ice skate (14)
pedazo de piece of (17)
pedacitos de tela *m.* scraps of fabric (4)
pedir to ask for (something), to request (8)
pedir direcciones ask for directions (8)
pegamento *m.* glue (4)
película *f.* film, movie (5)
película cómica *f.* comedy movie (5)
película de aventura *f.* adventure movie (5)
película de ciencia ficción *f.* science fiction movie (5)
película de horror *f.* horror movie (5)
peligro *m.* danger
peligroso(a) dangerous
pelirrojo(a) redheaded (6)
pelota *f.* ball (16)
pensar to think (15)
peor(es) worse, worst (18)
pequeño(a) small (6)
pera *f.* pear (17)
perder to lose (13)
perdón excuse me (1)
periódico *m.* newspaper (4)
periodista *m. or f.* journalist (3)
pero but (2)
perro *m.* dog (5)
persona *f.* person (2, 6)
Perú Peru (3)
peruano(a) *m. (f.)* Peruvian (3)
pesca / ir de pesca fishing (14)
pescado *m.* fish (17)

picante spicy (3)
piedra *f.* stone
pimienta *f.* pepper (17)
pintura *f.* painting (5)
piña *f.* pineapple (2)
piscina *f.* swimming pool (7, 9)
planear to plan (12)
plano del metro *m.* subway map (11)
planta *f.* plant; floor (4)
plata *f.* silver, slang word for "money"
plátano *m.* banana, plantain (1, 3)
plato *m.* dish
playa *f.* beach (12)
plaza *f.* plaza, square (7)
pluma *f.* fountain pen, feather (4, 18),
poco little (1)
poder to be able to (10)
policía *f.* police, m. or f. police officer (7)
estación de policía *f.* police station (7)
política *f.* politics (5)
pollo *m.* chicken (3, 17)
pomelo *m.* grapefruit (2)
poner to put, place (16)
por for (11, 17)
por eso that's why (16)
por favor please (1)
por fin finally (14)
por la mañana in the morning (11)
por la noche at night (11)
por la tarde in the afternoon (11)
por supuesto of course (9)
¿por qué? why? (6)
por una hora for one hour (13)
porque because (6)
portafolio *m.* briefcase (4)
posesión *f.* possession (4)
póster *m.* poster (4)
postre *m.* dessert (17)
practicar to practice (1)
practicar el surfing to surf (14)
precio *m.* price (16)
preferencia *f.* preference (17)
preferir to prefer (7)
pregunta *f.* question (2)
preguntar to ask a question (9)

premio *m.* prize (9)
preocupar to worry (9)
preparar to prepare (9)
presentación *f.* presentation, introduction (2)
presentar to present, introduce (1)
preservas *f.* canned goods (17)
primero first (7, 14)
primeros auxilios *m.* first aid (12)
primo(a) *m. (f.)* cousin (6)
producto *m.* product (17)
profesión *f.* profession (3)
profesor(a) *m. (f.)* professor, teacher (3)
pronombre *m.* pronoun (1)
pronto soon
propina *f.* tip (12)
proteger to protect
próximo(a) next (10)
prueba *f.* test
público(a) public (7)
pueblo *m.* town, a people
Puerto Rico Puerto Rico (3)
puertorriqueño(a) *m. (f.)* Puerto Rican (3)
pues then (1)
pulmones *m.* lungs (15)
pulsera *f.* bracelet (16)
punto *m.* spot, point (14)
puntos de venta *m.* points of sale (17)

Q

que that (1)
¿qué? what? (6)
¿qué desean tomar? what would you like to drink? (1)
¿Qué día es hoy? What day is today? (10)
¿Qué hay? What's new? (1)
¿Qué hora es? What time is it? (9)
¿Qué pasa? What's going on? (1)
¿Qué tal? How are you? (1)
¿Que van a pedir? What would you like to order (3)
¡Qué... ! How . . . ! (3)
¡Qué bueno(a)! Great! (3)
¡Qué comida más rica! What delicious food! (3)

¡Qué hambre! I'm starving! (2)
¡Qué pena! What a shame! (16)
¡Qué picante! How hot (spicy)! (3)
querer to want (7)
Querido(a)... Dear... (12)
Quisiera... I would like... (1)
¿Quisieras...? Would you like to...? (2)
queso *m.* cheese (1)
química *f.* chemistry (5)
quince fifteen (4)
quinceañera *f.* Sweet "15" party (coming of age party) (5)
quinientos(as) five hundred (12)
quiosco de periódicos *m.* newspaper kiosk (8)

R

radio despertador *m.* clock radio (4)
raqueta *f.* raquet (16)
rara vez rarely (7)
razón *f.* reason
rebanada de pan *f.* slice of bread (1)
receptor *m.* catcher (in baseball) (15)
recibir to receive (5)
recordar to remember
reflejos *m.* reflexes (15)
refresco *m.* soft drink (1)
regalo *m.* gift (18)
regatear to bargain (17)
regresar to return
regular regular; so-so (in response to greeting) (1)
repaso *m.* review (3)
repetir to repeat
República Dominicana Dominican Republic (3)
respuesta *f.* reply (1)
restaurada restored (8)
restaurante *m.* restaurant (1, 8)
revista *f.* magazine (1)
riquísimo(a) delicious (3)
rojo(a) red (17)
romper to break (15)
ropa *f.* clothing (18)
rubio(a) blond(e) (6)
Rusia Russia (3)
ruso(a) *m. (f.)* Russian (3)

S

sábado Saturday (10)
sabor *m.* taste (3)
sacapuntas *m.* pencil sharpener (4)
sacar to get out (something)
salir con to go out with (13)
salir de to go out, leave (a place) (13)
sal *f.* salt (17)
salón de festejos *m.* party and convention center (17)
salsa *f.* sauce; type of music (3)
salsa de chile *f.* hot pepper sauce (3)
salud *f.* health (3)
saludable healthy, nutritious (3)
saludar to greet (1)
saludo *m.* greeting (1, 2)
salvadoreño(a) *m. (f.)* Salvadoran (3)
sandalias *f.* sandals (18)
sándwich *m.* sandwich (1)
secretario(a) *m. (f.)* secretary (3)
se cocina one cooks (3)
Se llama... His or her name is... (6)
se rellena one fills (3)
seguir to follow, to continue
segundo(a) second
seguro(a) sure (18)
seguro *m.* insurance
seis six (4)
seiscientos(as) six hundred (12)
selva *f.* jungle (12)
semana *f.* week (11)
semana entera *f.* whole week (11)
semana pasada *f.* last week (13)
sentido *m.* sense
sentir to feel
Lo siento. I'm sorry. (7)
señor Mr. (1, 2)
señora Mrs. (1, 2)
señorita Miss (1)
ser to be (3)
Es de... Is from . . . , It belongs to . . . (3)
Es la una y media. It is 1:30. (9)
Son de... They are from . . . , They belong to . . . (3)
Son las tres. It is 3 o'clock. (9)
serie *f.* series, sequence (14)

serio(a) serious (6)
servir to serve (12)
sesenta sixty (7)
setecientos(as) seven hundred (12)
setenta seventy (7)
si if (12)
sí yes (1)
siempre always (1)
siete seven (4)
Siga derecho por... hasta... go straight along... until... (8)
silla *f.* chair (4)
simpático(a) nice (6)
sin without (11)
sin límite unlimited (11)
sino but
sobre prep., adv. above
sobre *m.* envelope (16)
sobrino(a) *m. (f.)* nephew (niece) (4)
sociedad *f.* society (4)
soda *f.* soda water (1)
sol *m.* sun (14)
sólo only (4, 12)
sopa *f.* soup (17)
sorbete *m.* straw (for drinking) (2)
su(s) his, her, your, their (4)
subir to raise, to get on
suerte *f.* fortune, luck
suéter *m.* sweater (18)
suficiente sufficient (16)
sur *m.* south
surfing *m.* surfing (14)
tablas de surf *f.* surf boards (14)
¡Súper! Super! Great! (16)
suroeste *m.* southwest
sustantivo *m.* noun (1)

T

taco *m.* taco, corn tortilla filled with meat and other things (3)
tallas *f.* (clothing) sizes (18)
tamaño *m.* size (3)
también also (2)
tampoco neither, either (2)
tan so
tanto(a) / tantos(as)... como as / as much... as (18)
tapa española *f.* Spanish snack (2)

taquilla *f.* ticket booth (11)
tardar to take (an amount of time)
tarde *f.* afternoon, late (7, 10)
tarjeta *f.* card (11)
tarjeta de abono transportes *f.* commuter pass (11)
tarjeta de cumpleaños *f.* birthday card (16)
tarea *f.* task; homework (5)
taxi *m.* taxi (10, 11)
taza *f.* cup (3)
té *m.* tea (1)
teatro *m.* theatre (7)
¿Te gusta...? Do you like...? (1)
teléfono *m.* telephone (7)
telenovela *f.* soap opera (4)
televisor (a colores) *m.* (color) television set (4)
temporada *f.* (sports) season
tener to have (6)
tener... años to be . . . years old (7)
tener ganas de... to feel like (10)
tener hambre to be hungry (7)
tener que to have to (6)
tener sed to be thirsty (7)
tenis *m.* tennis (5)
tercero(a) third
terminar to finish, end (13)
tía *f.* aunt (6)
tiempo *m.* time (14)
tiempo libre *m.* free time
tienda *f.* store (7, 16)
tienda de deportes *f.* sporting goods store (16)
tienda de música *f.* music store (16)
tienda de ropa *f.* clothing store (18)
tienes razón you are right (18)
tierra *f.* earth
tijeras *f.* scissors (4)
tío *m.* uncle (6)
tipo *m.* type
tipo de cambio *m.* exchange rate (18)
tocar to touch, to play an instrument (2)
te toca a ti it's your turn
todavía still
todo(a) all (9)
todos los días *m.* everyday (1)
tomar to drink, to take (1, 10)

tomar el sol to sunbathe (14)
tomar lugar to take place (16)
tomate *m.* tomato (17)
tonto(a) silly, stupid, foolish (6)
torneos *m.* tournaments (15)
toronja *f.* grapefruit (2)
tortilla *f.* omelette (Spain) or cornmeal pancake (Mexico) (2)
trabajador(a) *m. (f.)* worker
trabajar to work (1)
trabajo *m.* work
traer to bring
transporte *m.* transportation (4)
tratar de to try, to endeavor
trece thirteen (4)
treinta thirty (7)
treinta y dos thirty-two (7)
treinta y uno thirty-one (7)
tren *m.* train (7)
estación de trenes train station (7)
tres three (4)
trescientos(as) three hundred (12)
triste sad (9)
tú you (familiar) (1)
turista *m.* or *f.* tourist (11)
tu(s) your (plural) (4)
tutor(a) *m. (f.)* guardian

U

un(a) a, an (1)
una vez once (17)
uniforme uniform (15)
universidad *f.* university (7)
uno one (4)
uno(as) some (1)
Uruguay Uruguay (3)
uruguayo(a) *m. (f.)* Uruguayan (3)
usar to use (13)
usted (Ud.) you (formal) (1)
ustedes (Uds.) you (formal plural) (1)
útil useful
uva grape (18)

V

Vamos a... Let's (go) . . . (1, 10)
¿Van a...? Are you going to...? (2)

vapor *m.* steam (11)
varios(as) various (17)
vaso *m.* glass (1)
vegetales *m.* vegetables (17)
veinte twenty (4)
veinticinco twenty-five (7)
veinticuatro twenty-four (7)
veintidós twenty-two (7)
veintinueve twenty-nine (7)
veintiocho twenty-eight (7)
veintiséis twenty-six (7)
veintisiete twenty-seven (7)
veintitrés twenty-three (7)
veintiuno twenty-one (7)
vela *f.* sail (14)
vender to sell (5, 13)
vendedor(es) sellers (17)
venezolano(a) *m. (f.)* Venezuelan (3)
Venezuela Venezuela (3)
venir to come (9)
venta *f.* sale
ver to see (9)
ver a un amigo to see a friend (10)
Nos vemos. See you. (farewell) (1)
verde green (17)

verbo *m.* verb (1)
¿verdad? right? (2)
verdadero(a) true, real
vestido *m.* dress (18)
vestir to dress
vez *f.* time, instance (9)
una vez al año once a year (9)
vía *f.* (railway) track
viajar to travel (1)
viaje trip (12)
viaje de ida y vuelta *m.* round trip (12)
vídeo *m.* video (4)
videocasetera *f.* videocassette player (4)
viejo old (18)
viernes Friday (10)
visitar to visit (7, 13)
vista *f.* sight
viuda *f.* widow (4)
viudo *m.* widower (4)
vivienda *f.* housing (4)
vivir to live (5)
vólibol *m.* volleyball (5)
volver to go back (13, 18)
vosotros(as) *m. (f.)* you (familiar plural) (1)

Voy a... I'm going to... (1, 10)
Voy a llevar... I'm going to buy... (16)
voz *f.* voice (10)
vuestro(a), vuestros(as) your (4)

W

waterpolo *m.* waterpolo (14)
windsurf *m.* windsurfing (14)

Y

y and (1)
¿Y tú? And you? (1)
yo I (1)
yogur *m.* yogurt (17)

Z

zanahoria *f.* carrot (17)
zapatos *m.* shoes (16)
zapatos de tacón *m.* high-heeled shoes (18)
zapatería *f.* shoe store (18)

The numbers in parentheses refer to the chapters in which active words or phrases may be found.

A

ability **habilidad** f. (15)
able to **poder** (10)
above **sobre**
abroad **al extranjero** (16)
accountant **contador(a)** m. (f.) (3)
achievements **logros** m. (15)
across from **frente a** (8)
action **acción** f. (9)
address **dirección** f. (7)
adventure movie **película de aventura** f. (5)
adverb **adverbio** m. (1)
advertisement **anuncio** m.
aerobic exercise **ejercicio aeróbico** m. (14)
Affectionately (a hug from) **Un abrazo de...**
after **después de** (1)
afternoon **tarde** f. (7, 10)
afterwards **luego** (14)
against contra
age **edad** f. (7)
agility **agilidad** (15)
airline **línea aérea** f. (11)
air mail stationery **papel de avión** m. (16)
airport **aeropuerto** m. (7)
all **todo(a)** (9)
almost **casi**
also **también** (2)
alteration **cambio** m. (12)
although **aunque**
always **siempre** (1)
ambassador **embajador(a)** m. (f.) (10)
American **americano(a)** m. (f.) (3), (from the United States) **estadounidense** m. or f. (3)
amusing **divertido(a)** (6)
and **y** (1)
And you? **¿Y tú?** (1)
angry **enojado(a)** (9)
animal **animal** m. (5)
(to) announce **anunciar** (9)
another **otro(a)** (11)
another thing **otra cosa** f. (11)
(to) answer **contestar** (1)
any **cualquier** (13)

Anything else? **¿Algo más?** (16)
apartment **apartamento** m. (4)
apple **manzana** f. (3, 17)
appointment **cita** f. (10)
Are you going to...? **¿Van a...?** (2)
Argentina **Argentina** (3)
Argentine **argentino(a)** m. (f.) (3)
(to) argue **discutir** (12)
around **alrededor**
(to) arrive **llegar** (8)
arrow **flecha** f.
art **arte** m. or f. (5)
as **como** (11)
as / as much... as **tanto(a) / tantos(as)... como** (17)
as usual **como de costumbre** (11)
(to) ask a question **preguntar** (9)
(to) ask for (something) **pedir** (8)
(to) ask for directions **pedir direcciones** (8)
(to) attend **asistir a** (13)
at **a** (1)
at five in the morning **a las cinco de la mañana** (9)
at night **por la noche** (11)
at nine in the evening **a las nueve de la noche** (9)
at one in the afternoon **a la una de la tarde** (9)
at some other time **en otra oportunidad** (7)
at the corner of **en la esquina** (8)
at the end of **al final de** (8)
at this moment **en este momento** (15)
At what time? **¿A qué hora?** (9)
At your service **A sus órdenes** (16)
atmosphere **ambiente** m. (18)
attributes **cualidades** f. (15)
aunt **tía** f. (6)
avocado **aguacate** m. (2, 17)
(to) avoid **evitar** (15)

B

bad **malo(a)** (3, 6, 18)
bag **bolsa** f. (18)

leather bag **bolsa de cuero** f. (18)
bakery **panadería** f. (7)
ball **pelota** f. (16)
banana **banana** f., **plátano** m. (1, 3)
band **faja** f. (18)
bank **banco** m. (7, 8)
bargain **regatear** (17)
baseball **béisbol** m. (5)
based on **basándose** (18)
basketball **básquetbol, baloncesto** m. (5, 14)
bat **bate** m. (15)
(to) be **estar** (8), **ser** (3)
(to) be in shape **estar en forma**
beach **playa** f. (12)
beans **frijoles** m. (3)
beautiful **hermoso(a)**
because **porque** (6)
bed **cama** f. (4)
before **antes** (12)
(to) begin **empezar, comenzar**
behind **detrás de** (8)
belt **cinturón** m. (18)
beside **al lado de** (8)
besides **además** (4, 17)
better **mejor** (9)
between **entre** (8)
beverage **bebida** f. (1)
cold beverage **bebida fría** f. (1)
hot beverage **bebida caliente** f. (1)
big **grande** (6)
bicycle **bicicleta** f. (4)
biology **biología** f. (5)
bird **pájaro** m. (5, 18), **ave** f.
birthday card **tarjeta de cumpleaños** f. (16)
biscuit **galleta** f. (17)
black **negro(a)** (18)
blond(e) **rubio(a)** (6)
blouse **blusa** f. (18)
blue **azul** (18)
boat **barco** m. (11)
body **cuerpo** m. (15)
Bolivia **Bolivia** (3)
Bolivian **boliviano(a)** m. (f.) (3)
book **libro** m. (4)
bookshelf **estante** m. (4)

bookstore **librería** f. (7)
boots botas f. (18)
bored, boring **aburrido(a)** (6)
(to) be born **nacer**
bottle **botella** f. (1, 17)
bottle of mineral water **botella de agua mineral** f. (1)
boutique **boutique** f. (18)
box **caja** f. (4)
shoe box **caja de zapatos** f. (4)
boy **chico** m., **niño** m.
boyfriend **novio** m. (5)
bracelet **pulsera** f. (16)
bread **pan** m. (1)
slice of bread **rebanada de pan** f. (1)
break **romper** (15)
breakfast **desayuno** m. (1)
briefcase **portafolio** m. (4)
(to) bring **traer**
brother **hermano** m. (6)
brother-in-law **cuñado** m. (4)
brunet(te) **moreno(a)** (6)
bubbles **burbujas** f. (10)
(to) build **construir**
building **edificio** m. (7)
bullfight **corrida de toros** f. (9)
bunch **atado** m. (17)
bus **autobús** m. (4)
bus terminal **estación de autobuses** m. (7)
business **negocio** m. (3)
businessman(woman) **hombre (mujer) de negocios** m. (f.) (3)
but **pero** (2)
butcher shop **carnicería** f. (7)
butter **mantequilla** f. (1)
peanut butter **mantequilla de cacahuete** f. (2, 3)
(to) buy **comprar** (13)
by **por** (10, 12)
by air **en avión** (12)
by bicycle **en bicicleta** (10)
by car **en coche** (10)
by plane **en avión** (12)
by subway **en metro** (10)
by taxi **en taxi** (10)

C

café **café** m. (1)
(to) call **llamar** (7)
calculator **calculadora** f. (4)

(to be) called **llamarse** (4)
camera **cámara** f. (4)
Canada **Canadá** (3)
Canadian **canadiense** m. or f. (3)
canned goods **preservas** f. (17)
car **coche** m. (4)
caramel custard **flan** m. (3)
card **tarjeta** f. (11)
cardboard **cartón** m. (4)
carpet **alfombra** f. (4)
carrot **zanahoria** f. (17)
(to) carry **llevar** (4, 18)
cat **gato** m. (5)
catcher (in baseball) **receptor** m. (15)
cathedral **catedral** f. (7)
(to) celebrate **celebrar** (9)
center **centro** m. (4)
chair **silla** f. (4)
championship **campeonato** m. (4)
(to) change **cambiar** (11)
change **cambio** m. (11)
(to) charm **encantar**
chart **esquema** m. (15, 18)
(to) chat **charlar** (1)
cheap **barato(a)** (11, 16)
cheese **queso** m. (2)
chemistry **química** f. (5)
chicken **pollo** m. (3)
Chile **Chile** (3)
Chilean **chileno(a)** m. (f.) (3)
China **China** (3)
Chinese **chino(a)** m. (f.) (3)
chocolate **chocolate** m. (1)
church **iglesia** f. (7)
city **ciudad** f. (6)
classical music **música clásica** f. (5)
client **cliente** m. (17)
clock radio **radio despertador** m. (4)
close (to) **cerca (de)** (7)
(to) close **cerrar**
clothes **ropa** f. (18)
clothing store **tienda de ropa** f. (18)
club **club** m. (7)
coat **abrigo** m. (18)
coat and tails **frac** m. (16)
coffee **café** m. (1)
coffee with milk **café con leche** m. (1)
small coffee shops **cafetines** m. (7)

coin **moneda** f.
cold **frío(a)** (1), **catarro** (common cold) (4)
Colombia **Colombia** (3)
Colombian **colombiano(a)** m. (f.) (3)
(to) come **venir** (9)
(to) comment **comentar** (3)
commentary **comentario** m.
commuter pass **tarjeta de abono transportes** f. (11)
compact disc **disco compacto** m. (4)
comparison **comparación** f. (18)
competition **competencia** (4)
computer **computadora** f. (4)
concert **concierto** m. (13)
(colored) construction paper **cartulina de colores** (4)
(to) continue **continuar** (9), **seguir**
convenience store **minitienda** f. (17)
(to) cook **cocinar** (13)
cookie **galleta** f. (17)
cool **fresco(a)** (17)
corn **maíz** m. (17)
corner **esquina** f. (8)
Costa Rica **Costa Rica** (3)
Costa Rican **costarricense** m. or f. (3)
country **país** m. (8), (vs. city) **campo** m.
cousin **primo(a)** m. (f.) (6)
crazy **loco** (2)
cream **crema** f. (17)
croissant **croissant** m. (1)
(to) cross **cruzar** (8)
Cuba **Cuba** (3)
Cuban **cubano(a)** m. (f.) (3)
cup **taza** f. (3)
currency **moneda** f. (18)
custom **costumbre** f.
customer **cliente** m. (17)
cycling **ciclismo** m. (4, 12)

D

dairy **lácteo(a)** (17)
dairy product **producto lácteo** m. (17)
(to) dance **bailar** (1)
dance **baile** m. (9)

dance club **discoteca** (7)
danger **peligro** *m.*
dangerous **peligroso(a)**
date **cita** *f.* (10)
daughter **hija** *f.* (6)
day **día** *m.* (10)
day before yesterday **anteayer** (13)
decoration **adorno** *m.*
delicious **delicioso(a), riquísimo** (3)
(to) delight **encantar** (16)
delighted **encantado(a)** (2)
dentist **dentista** *m.* or *f.* (3)
designs **diseños** *m.* (18)
desk **escritorio** *m.* (4)
dessert **postre** *m.* (17)
different **diversos(as)** (15)
dining room **comedor** *m.*
direction **dirección** *f.* (7)
disagreeable **antipático(a)** (6)
discuss **discutir** (3)
dish **plato** *m.*
display window **escaparate** *m.* (16)
doctor **médico** *m.,* **doctor(a)** *m. (f.)* (3)
(to) do **hacer** (10, 13)
(to) do an errand **hacer un mandado** (10)
(to) do nothing **no hacer nada** (13)
dog **perro** m. (5)
Dominican **dominicano(a)** *m. (f.)* (3)
Dominican Republic **República Dominicana** (3)
downtown **centro** *m.* (4)
Do you like...? **¿Te gusta...?** (1)
dozen **docena** *f.* (17)
drawing **dibujo** *m.*
(to) dress **vestir**
dress **vestido** *m.* (18)
dresser **cómoda** *f.* (4)
(to) drink tomar (1), **beber** (5)
drink **bebida** *f.* (1)
drugstore **farmacia** *f.* (7)
during **durante** (15)

E

each **cada** (6)
ear **oreja** *f.*

earrings **aretes** *m.* (16)
(to) earn **ganar** (2)
(to) ease pain **desahogar** (10)
easy **fácil**
(to) eat **comer** (1)
(to) eat breakfast **desayunar** (13)
Ecuador **Ecuador** (3)
Ecuadoran **ecuatoriano(a)** *m. (f.)* (3)
egg **huevo** *m.* (3)
scrambled eggs **huevos revueltos** *m.* (3)
eight **ocho** (4)
eight hundred **ochocientos(as)** (12)
eighteen **dieciocho** (4)
eighty **ochenta** (7)
El Salvador **El Salvador** (3)
eleven **once** (4)
e-mail **correo electrónico** *m.* (4)
(to) embroider **bordar** (18)
(to) end **terminar** (10)
engineer **ingeniero(a)** *m. (f.)* (3)
England **Inglaterra** (3)
English **inglés (inglesa)** (3)
Englishman **inglés** *m.* (3)
Englishwoman **inglesa** *f.* (3)
(to) enjoy **disfrutar** (17)
enough **bastante** (1)
envelope **sobre** *m.* (16)
environment **ambiente** *m.* (18)
equal **igual**
equality **igualdad** *f.* (18)
eraser **borrador** *m.* (4)
every **cada** (6)
every day **todos los días** *m.* (1)
example **ejemplo** *m.*
for example **por ejemplo**
exchange **intercambio** *m.* (3)
exchange rate **tipo de cambio** *m.* (18)
excuse me **perdón** (1)
(to) exercise **hacer ejercicio** (13)
expensive **caro(a)** (16)
(to) express **expresar** (1)
expression **expresión** *f.* (1)
eye **ojo** *m.*

F

facing **frente a** (8)
facts **datos** *m.* (12)
fair **feria** *f.* (9, 17)

famous **famoso(a)**
family **familia** *f.* (6)
fans **admiradores(as)** *m. (f.)* (15)
far (from) **lejos (de)** (8)
fashion **moda** *f.* (18)
fat **gordo(a)** (6) **grasa** *f.* (3)
father **padre** *m.* (6)
favorite **favorito(a)** (16)
(to) feel **sentir**
(to) feel like... **tener ganas de...** (1)
festival (religious) honoring a town's patron saint **Fiesta del pueblo** *f.* (9)
field hockey **hockey sobre hierba** *m.* (14)
fifteen **quince** (4)
fifty **cincuenta** (7)
film **película** *f.* (5)
finally **finalmente, por fin** (14)
fine **bien** (1)
fireworks **fuegos artificiales** *m.* (9)
firewood **leña** *f.* (11)
first **primero** (7, 14)
first aid **primeros auxilios** *m.* (12)
fish **pescado** *m.* (17)
five **cinco** (4)
five hundred **quinientos(as)** (12)
flies **eleva** (9)
flour **harina** *f.* (17)
flower shop **florería** *f.* (7)
folk dance **baile folklórico** *m.* (9)
food **alimento** *m.* (3, 17), **comida** *f.* (3)
foolish **tonto(a)** (6)
football **fútbol americano** *m.* (5)
for **para** (1), **por** (11, 17)
for one hour **por una hora** (13)
fortune **suerte** *f.*
forty **cuarenta** (7)
four **cuatro** (4)
four hundred **cuatrocientos(as)** (12)
fourteen **catorce** (4)
France **Francia** (3)
free **gratis**
French **francés (francesa)** *m. (f.)* (3)

frequently **a menudo** (7), **frecuentemente**

Friday **viernes** (10)

friend **amigo(a)** *m. (f.)* (1)

fried dough (sugared) **churros** *m.* (3)

from **de, desde** (9)

from time to time **de vez en cuando** (7)

from...until... **desde la(s)... hasta la(s)...** (9)

frozen **congelado(a)** (17)

fruit **fruta** *f.* (17)

fruit salad **ensalada de frutas** *f.* (17)

full **lleno(a)** (17)

fun **divertido(a)** (6)

future **futuro** *m.* (15)

G

game (sports) **partido** *m.* (13)

(to) get out (something) **sacar**

German **alemán (alemana)** *m. (f.)* (3)

Germany **Alemania** (3)

gift **regalo** *m.* (18)

girdle **faja** *f.*

girl **chica** *f.,* niña *f.*

girlfriend **novia** *f.* (5)

(to) give **dar** (8)

glass **vaso** *m.* (1)

glove **guante** *m.* (15)

glue **pegamento** *m.* (4)

(to) go **ir** (7)

(to) go along **andar** (13)

go ahead! **¡adelante!**

(to) go back **volver** (13, 18)

(to) go camping **ir de camping** (14)

(to) go down **bajar** (11)

(to) go fishing **ir de pesca** (14)

(to) go shopping **ir de compras** (14)

(to) go out, leave (a place) **salir de** (13)

(to) go window-shopping **ir de escaparates** (14)

(to be) going to... **ir a...** (10)

gold **oro** *m.*

golf **golf** *m.* (14)

good **bueno(a)** (3, 6) **buen** (18)

Good afternoon. **Buenas tardes.** (1)

Good evening. **Buenas noches.** (1)

Good morning. **Buenos días.** (1)

Good night. **Buenas noches.** (1)

goodbye **adiós, chao** (1)

goodbyes **despedidas** *f.* (1)

gossip **chismes** *m.* (2)

go straight along... until... **siga derecho por... hasta...** (8)

gram **gramo** *m.* (17)

grandfather **abuelo** *m.* (6)

grandmother **abuela** *f.* (6)

grape **uva** *f.* (17)

grapefruit **pomelo** *m.* **toronja** *f.* (2)

Great! **¡Qué bueno(a)!** (3)

green **verde** (17)

(to) greet **saludar** (1)

greeting **saludo** *m.* (2)

grenadine **granadina** *f.* (1)

group **grupo** *m.* (1)

guardian **tutor(a)** *m. (f.)* (4)

Guatemala **Guatemala** (3)

Guatemalan **guatemalteco(a)** *m. (f.)* (3)

guava **guayaba** *f.* (17)

guitar **guitarra** *f.* (14)

gym **gimnasio** *m.* (13)

H

half **medio(a)** (17) **mitad** *f.*

half kilo **medio kilo** (17)

ham **jamón** *m.* (1)

hamburger **hamburguesa** *f.* (3)

handiwork **labores** *f.* (18)

handsome **guapo(a)** (6)

(to) happen **pasar** (13)

happy **contento(a)** (9)

(to) have **tener** (6)

(to) have just . . . **acabar de...** (2)

(to) have lunch **almorzar** (12)

(to) have supper **cenar** (13)

(to) have to **tener que** (6)

he **él** (2)

head-dress **adorno de cabeza** *m.* (17)

health **salud** *f.*

healthy **saludable** (3)

heart **corazón** *m.*

Hello! **¡Hola!** (1)

Hello? (answering the phone) **¡Bueno!, ¡Diga! / ¡Dígame!** (7)

(to) help **ayudar**

help **ayuda** *f.* (8)

her **su(s)** (4)

here **aquí** (4)

here is/are **aquí hay** (2)

Here is another. **Aquí hay otra.** (3)

Here you are. **Aquí tienen ustedes.** (3)

high-heeled shoes **zapatos de tacón** *m.* (18)

high school **escuela secundaria** *f.* (7)

highway **autopista** *f.* (17)

his **su(s)** (4)

Hispanic **hispano(a)** *m. (f.)* (9)

(to) hit **golpear** (15)

hockey **hockey** *m.* (14)

homework **tarea** *f.* (9)

Honduran **hondureño(a)** *m. (f.)* (3)

Honduras **Honduras** (3)

(to) hope **esperar** (12)

horse **caballo** *m.*

horseshoe **herradura** *f.* (12)

hospital **hospital** *m.* (7)

hot **caliente** (1)

hot pepper **chile** *m.* (3)

hot pepper sauce **salsa de chile** *f.* (3)

hotel **hotel** *m.* (7)

hour **hora** *f.* (9, 14)

house **casa** *f.* (4)

How . . . ! **¡Qué... !** (3)

How spicy (hot)! **¡Qué picante!** (3)

how? **¿cómo?** (3)

How are you? **¿Qué tal?** (1)

How are you? (formal) **¿Cómo está Ud.?** (2), (informal) **¿Cómo estás?** (1)

How can I help you (plural)? **¿En qué puedo servirles?** (12)

How do I get to..? **¿Cómo llego a...?** (8)

How frequently? **¿Con qué frecuencia?**

How is it / are they? **¿Cómo es / son?** (6)

How is it going? **¿Cómo te va?** (1)

How long does it take? **¿Cuánto tarda?** (12)

How long has it been that... ? **¿Cuánto hace que... ?**

how many? **¿cuántos(as)?** (6)

How many are there? **¿Cuántos(as) hay?** (4)

How much is it (are they)? **¿Cuánto cuesta(n)?** (16)

How old are you? **¿Cuántos años tienes?** (7)

hug **abrazo** (1)

hundred cien (7), **ciento** (12)

(to be) hungry **tener hambre** (7)

husband **esposo** m. (6)

I

I **yo** (1)

I can't go. **No puedo ir.** (10)

I am at **estoy** (2)

I am fine, thanks. And you? (Estoy) **Bien, gracias. ¿Y Ud.?** (2)

I am here to help you. **Aquí estoy para servirles.** (12)

I am going to... **Voy a ...** (1, 10)

I have to go. **Me despido.** (6)

I went **fui** (13)

ice **hielo** m.

ice cream **helado** m. (3, 17)

(to) ice skate **patinar sobre hielo** (14)

ice cream **helado** m. (3)

idea **idea** f. (9)

if **si** (12)

immediately **ahora mismo** (15)

impossible **imposible** (10)

in **en** (1)

in front of **delante de** (8)

in-laws **parientes políticos** m. (4)

in order to **para** (9)

in order that **para que**

in spite of **a pesar de**

in the afternoon **por la tarde** (11)

in the meantime **mientras**

in the morning **por la mañana** (11)

In which direction? **¿En qué dirección?** (7, 11)

Independence Day **Día de la Independencia** m. (9)

inside **dentro**

instance **vez** (7)

intelligent **inteligente** (6)

interesting **interesante** (6)

(to) introduce **presentar** (1)

introduction **presentación** f. (2)

(to) invite **invitar** (13)

Iron Horse (name of a cycling club) **Caballo de acero** (4)

Is it near (far) from here? **¿Está cerca (lejos) de aquí?** (8)

is married to **está casado(a) con** (6)

It belongs to . . . **Es de...** (4)

it costs **cuesta** (11)

It doesn't matter. **No importa.** (18)

It is 3 o'clock. **Son las tres.** (9)

It is 1:30. **Es la una y media.** (9)

It's at the end of . . . **Está a(l) final de...** (8)

Italian **italiano(a)** m. (f.) (3)

Italy **Italia** (3)

J

jacket **chaqueta** f. (18)

Japan **Japón** (3)

Japanese **japonés (japonesa)** m. (f.) (3)

jazz **jazz** m. (5)

jeans **vaqueros** m.

jelly **mermelada** f. (1)

jewel **joya** f.

jewelry store **joyería** f.

journalist **periodista** m. or f. (3)

juice **jugo** m. (1)

juice, orange **jugo de naranja** m. (1)

jungle **selva** f. (12)

K

key **llave** f. (4)

kilogram **kilo** m. (17)

kilometer **kilómetro** (12)

kites **cometas** f. (9)

knapsack **mochila** f. (4)

L

landscape **paisaje** m.

language **lengua** f. (5)

large **grande** (6)

last **pasado** (13)

last month **mes pasado** m. (13)

last night **anoche** (13)

last week **semana pasada** f. (13)

last weekend **pasado fin de semana** (13)

last year **año pasado** m. (13)

late **tarde** (7, 10)

lawyer **abogado(a)** m. (f.) (3)

leaf **hoja** f. (16)

league **liga** f. (15)

(to) learn **aprender** (5)

leather **cuero** (18)

(to) leave **salir de** (13)

(to) leave (something) **dejar**

left **izquierda** (8)

legend **leyenda** f.

lemon **limón** m. (1, 17)

lemonade **limonada** f. (1)

less... than **menos... que** (18)

Let's go . . . **Vamos ...** (1)

Let's see. **A ver.** (16)

letter **carta** f.

lettuce **lechuga** f. (17)

level **nivel** m. (17)

library **biblioteca** f. (7)

(to) lift **levantar** (14)

(to) lift weights **levantar pesas** (14)

(to) like **gustar** (5)

like **como** (11)

Likewise. **Igualmente.** (2)

line **línea** f. (11)

(to) listen **escuchar** (1)

liter **litro** m. (17)

little, a **poco(a)** (1)

(to) live **vivir** (5)

location **lugar** m. (7)

long **largo**

(to) lose **perder** (13)

(to) lose weight **bajar de peso** (15)

Look! **¡Mira!** (3)

(to) look at **mirar** (2)

(to) look for **buscar** (8)

lot, a **mucho(a)** (1)

(to) lower **bajar** (11)

luck **suerte** f.

lungs **pulmones** m. (15)

M

machine **máquina** f. (4)

mad **enojado(a)** (9)

magazine **revista** f. (1)
(to) maintain **mantener**
majority **mayoría** f.
(to) make **hacer** (10)
(to) make the bed **hacer la cama** (13)
man **hombre** m. (3)
markers **marcadores** m. (4)
market **mercado** m. (7)
market day **día de feria** (17)
married **casado(a)** (6)
mass **misa** f. (9)
Thanksgiving mass **misa de Acción de Gracias** f. (9)
mayonnaise **mayonesa** f. (17)
me **mí** (1)
meal **comida** f. (1)
means of transportation **medio de transporte** m. (4)
meat **carne** f. (3)
(to) meet **encontrar, encontrarse (con)** (9)
memory **recuerdo** m.
messenger **mensajero(a)** m. (f.) (9)
Mexican **mexicano(a)** m. (f.) (3)
Mexican food **comida mexicana** (3)
Mexico **México** (3)
Mexico City **Ciudad de México** f. (6)
midday **mediodía** m. (9)
middle **medio** m. (4)
midnight **medianoche** f. (9)
mile **milla** f. (12)
milk **leche** f. (1)
milkshake **licuado** m. (1)
banana milkshake **licuado de banana, plátano** m. (1)
million **millón** (12)
minus **menos** (4)
minute **minuto** m. (14)
Miss **señorita** f. (1)
modern **moderno(a)** (18)
Monday **lunes** (10)
money **dinero** m. (2) **moneda** f. (18)
month **mes** m. (11)
moon **luna** f. (12)
more **más** (2)
more... than **más... que** (18)
morning **mañana** f. (10)
mother **madre** f. (6)

mountain climbing **alpinismo** m. (14)
motorcycle **motocicleta** f. (4)
mountain **montaña** f.
movie **película** f. (5)
comedy movie **película cómica** f. (5)
horror movie **película de horror** f. (5)
movie theater **cine** m. (7)
science fiction movie **película de ciencia ficción** f. (5)
Mr. **señor** m. (1)
Mrs. **señora** f. (1)
much **mucho** (1) very much **muchísimo** (1)
museum **museo** m. (7, 8)
music **música** f. (5)
music store **tienda de música** f. (16)
must **deber** (10)
my **mi(s)** (4)
my likes **mis gustos** (5)

N

name **nombre** m. (6)
last name **apellido** m. (6)
(to be) named **llamarse** (4)
narrow **angostas** (8)
nationality **nacionalidad** f. (3)
native **indígena** (18)
nature **naturaleza** f. (5)
near **cerca (de)** (7)
necklace **collar** m. (16)
(to) need **necesitar** (2)
neither **tampoco** (2)
nephew **sobrino** m. (4)
never **nunca** (7)
new **nuevo(a)** (12)
newspaper **periódico** m. (4)
newspaper kiosk **quiosco de periódicos** m. (8)
next **próximo(a)** (10)
next to **al lado de** (8)
Nicaragua **Nicaragua** (3)
Nicaraguan **nicaragüense** m. or f. (3)
nice **simpático(a)** (6)
nice-looking **bonito(a)** (6, 16)
Nice to meet you. **Mucho gusto.** (1)
niece **sobrina** f. (4)

night **noche** f. (9)
last night **anoche** (13)
nine **nueve** (4)
nine hundred **novecientos(as)** (12)
nineteen **diecinueve** (4)
ninety **noventa** (7)
no **no** (1)
nobody **nadie**
nocturnal, of the night **nocturno(a)** (12)
noise **ruido** m.
noon **mediodía** (9)
north **norte** m.
North American **norteamericano(a)** m. (f.) (3)
notebook **cuaderno** m. (4)
nothing **nada** (13)
noun **sustantivo** m. (1)
now **ahora** (9)
number **número** m. (7)
nurse **enfermero(a)** m. (f.) (3)

O

of **de** (3)
of course **por supuesto** (9)
Of course! **¡Claro!** (5) **¡Claro que sí!** (10)
(to) offer **ofrecer** (17)
offer **oferta** f.
often **a menudo** (7)
oil **aceite** m. (17)
OK **de acuerdo** (9)
old **viejo(a)** (6)
older **mayor(es)** (18)
olive **aceituna** f. (2)
olive oil **aceite de oliva** m.
omelette (Spain) **tortilla** f. (2)
on **en** (1)
on foot **a pie** (10)
on sale **en oferta** (16)
on the corner of... **en la esquina de...** (8)
once **una vez** (17)
once a year **una vez al año** (9)
one **uno** (4)
one cooks **se cocina** (3)
one fills **se rellena** (3)
one hundred **cien** (7, 12) **ciento** (12)
one hundred and twenty **ciento veinte** (12)

one-way ticket **billete sencillo** *m.* (11)

onion **cebolla** *f.* (17)

only **sólo** (12)

orange **naranja** *f.* (1, 17)

our **nuestro(a)** (4)

open-air market **mercado al aire libre** *m.* (17)

other **otro(a)** (11)

outdoors **al aire libre** (17)

over there **allá** (17)

(to) owe **deber** (10)

owner **dueño(a)** *m. (f.)*

P

(to) pack **hacer las maletas** (13)

package **paquete** *m.* (17)

packaged, canned goods **conservas** *f.* (17)

painting **pintura** *f.* (5)

Panama **Panamá** (3)

Panamanian **panameño(a)** *m. (f.)* (3)

pants **pantalones** *m.* (18)

paper **papel** *m.* (16)

parade **desfile** *m.* (9)

Paraguay **Paraguay** (3)

Paraguayan **paraguayo(a)** *m. (f.)* (3)

(to) pardon **disculpar** (7)

parents **padres** *m.* (2)

park **parque** *m.* (7)

parking lot **estacionamiento** *m.* (8)

party **fiesta** *f.* (9)

party and convention center **salón de festejos** *m.* (17)

(to) pass **pasar** (2)

past **pasado** *m.* (13)

pasta **pasta** *f.* (2)

paste **pasta** *f.*

pastry **pastel** *m.* (1)

paths **caminos** *m.* (11)

(to) pay **pagar** (17)

pear **pera** *f.* (17)

peas **guisantes** *m.* (2, 17)

peach **melocotón** *m.* (2)

peanut **cacahuete** *m.* (2)

pedestrian access **acceso peatonal** *m.* (17)

pen, ball-point **bolígrafo** *m.* (4)

pen, fountain **pluma** *f.* (4)

pencil **lápiz** *m.* (4)

pencil, colored **lápiz de colores** *m.* (4)

pencil sharpener **sacapuntas** *m.* (4)

people **gente** *f.*

pepper **pimienta** *f.* (17)

person **persona** *f.* (6)

Peru **Perú** (3)

Peruvian **peruano(a)** *m. (f.)* (3)

pharmacy **farmacia** *f.* (7)

pie **pastel** *m.* (1)

piece of **pedazo de** (17)

pineapple **piña** *f.* (2)

(to) pitch **lanzar** (15)

pitcher **lanzador** *m.* (15)

(to) place **poner** (16)

place **lugar** *m.* (7)

plain **feo(a)** (6)

(to) plan **planear** (12)

planes (small) **avionetas** *f.* (12)

plant **planta** *f.* (4)

(to) play (an instrument) **tocar** (2)

(to) play (a game) **jugar** (11, 14)

(to) play basketball **jugar al baloncesto, básquetbol** (14)

(to) play field hockey **jugar al hockey sobre hierba** (14)

(to) play golf **jugar al golf** (14)

(to) play hockey **jugar al hockey** (14)

player **jugador(a)** *m. (f.)*

plaza **plaza** *f.* (7)

please **por favor** (1)

poetry contest **concurso de poesía** *m.* (9)

point **punto** (14)

points of sale **puntos de venta** *m.* (17)

police **policía** *f.* (7)

police officer **policía** *m.* or *f.* (7)

police station **estación de policía** *f.* (7) **comisaría** *f.* (9)

politics **política** *f.* (5)

pool **piscina** *f.* (7)

poorly **mal** (1, 18)

popular dance **baile popular** *m.* (9)

possession **posesión** *f.* (4)

post office **oficina de correos** *f.* (7)

poster **póster** *m.* (4)

potato **patata** *f.* (2) **papa** *f.* (17)

potato chips **papitas** *f.* (3)

potatoes: cooked, diced, and served in spicy sauce **patatas bravas** *f.* (2)

pound **libra** *f.* (15, 17)

(to) practice **practicar** (1)

(to) prefer **preferir** (7)

preference **preferencia** *f.* (17)

(to) prepare **preparar** (9)

(to) present **presentar** (1)

presentation **presentación** *f.* (2)

pretty **bonito(a)** (6, 16)

Pretty good. **Bastante bien.** (1)

price **precio** *m.* (16)

prize **premio** *m.* (9)

product **producto** *m.* (17)

profession **profesión** *f.* (3)

professor **profesor(a)** *m. (f.)* (3)

(to) protect **proteger**

public **público** (7)

Puerto Rican **puertorriqueño(a)** *m. (f.)* (3)

Puerto Rico **Puerto Rico** (3)

purse **bolsa** *f.* (4)

(to) put **poner** (16)

Q

quantity **cantidad** *f.* (17)

question **pregunta** *f.* (2)

R

racket **raqueta** *f.* (16)

(to) rain **llover**

raincoat **impermeable** *m.* (18)

(to) raise **subir**

rarely **rara vez** (7)

(to) read **leer** (5)

ready **listo(a)** (9)

reason **razón** *f.*

(to) receive **recibir** (5)

red **rojo(a)** (17)

redhead **pelirrojo(a)** (6)

reflexes **reflejos** *m.* (15)

relative **pariente** *m.* (4, 6)

remember **recordar**

(to) rent a video **alquilar un vídeo** (13)

to repeat **repetir**

reply **respuesta** *f.* (1)

(to) request **pedir** (8)

(to) rest **descansar** (9)

restaurant **restaurante** *m.* (1)

restored **restaurada** (8)

(to) return **regresar**

review **repaso** *m.*

rice **arroz** *m.* (3)

(to) ride **montar** (13)

(to) ride a bicycle **montar en bicicleta** (13)

right **derecha** (8)

right? **¿verdad?** (2)

right now **ahora mismo** (15)

ring **anillo** *m.* (16)

roads **caminos** *m.* (11)

rock music **música rock** *f.* (5)

roll of adhesive tape **cinta adhesiva** *f.* (4)

(to) roller skate **patinar** (14)

room **cuarto** *m.* (4)

round-trip ticket **billete de ida y vuelta** *m.* (12)

rug **alfombra** *f.* (4)

(to) run **correr** (5)

Russia **Rusia** (3)

Russian **ruso(a)** *m. (f.)* (3)

S

sad **triste** (9)

sail **vela** *f.* (14)

sailing **navegación a vela** *f.* (14)

salad **ensalada** *f.* (17)

green salad **ensalada verde** *f.* (17)

fruit salad **ensalada de frutas** *f.* (17)

sale **oferta** *f.* (16) **venta** *f.*

salt **sal** *f.* (17)

Salvadoran **salvadoreño(a)** *m. (f.)* (3)

same **mismo(a)**

sandals **sandalias** *f.* (18)

sandwich **sándwich** *m.* (1), (French bread) **bocadillo** *m.* (1)

sash **faja** *f.* (18)

Saturday **sábado** (10)

sauce **salsa** *f.* (3)

sausage **chorizo** *m.* (2)

(to) say **decir** (16)

(to) say goodbye **despedirse** (1)

schedule **horario** *m.* (11)

school **colegio** *m.* (7), **escuela** *f.* (4)

science **ciencias** *f.* (5)

scissors **tijeras** *f.* (4)

scraps of fabric **pedacitos de tela** *m.* (4)

sculpture **escultura** *f.* (5)

season (sports) **temporada** *f.*

secretary **secretario(a)** *m. (f.)* (3)

(to) see **ver** (9)

See you. **Nos vemos.** (1)

See you later. **Hasta luego.** (1)

(to) sell **vender** (5, 13)

sellers **vendedores(as)** *m. (f.)* (17)

sense **sentido** *m.*

sequence **serie** *f.* (14)

series **serie** *f.* (14)

serious **serio(a)** (6)

(to) serve **servir** (12)

seven **siete** (4)

seven hundred **setecientos(as)** (12)

seventeen **diecisiete** (4)

seventy **setenta** (7)

(to) share **compartir** (5)

she **ella** (2)

sheet of paper **hoja** *f.* (16)

shirt **camisa** *f.* (18)

shoe store **zapatería** *f.* (18)

shoes **zapatos** *m.* (18)

(to) shop **ir de compras** (10)

shopping cart **carrito** *m.* (17)

shopping center **centro comercial** *m.* (16)

short **bajo(a),** (in length) **corto(a)** (6)

should **deber** (10)

shrimp **camarones** *m.* **gambas** *f.* (2)

sick **enfermo(a)** (9)

sight **vista** *f.*

(to) sign **firmar**

silly **tonto(a)** (6)

silver **plata** *f.*

(to) sing **cantar** (1)

singer **cantante** *m.* or *f.*

sister **hermana** *f.* (6)

six **seis** (4)

six hundred **seiscientos(as)** (12)

sixteen **dieciséis** (4)

sixty **sesenta** (7)

size **tamaño** *m.* (3),

sizes (clothing) **tallas** *f.* (18)

(to) skateboard **andar en patinete** (14)

skis **esquíes** *m.* (16)

skimmed **descremada** (3)

skirt **falda** *f.* (18)

(to) sleep **dormir** (15)

slice of bread **rebanada de pan** *f.* (1)

slow **despacio** (8)

small **pequeño(a)** (6)

snack **merienda** *f.* (1)

Spanish snack **tapa española** *f.* (2)

(to) snorkel **bucear** (14)

snorkeling **buceo** *m.* (14)

so **tan** (8)

socks **calcetines** *m.* (18)

so-so **más o menos** (1)

soccer **fútbol** *m.* (5)

society **sociedad** *f.* (4)

soda **soda** *f.* (1)

soft drink **refresco** *m.* (1)

some **alguno(a)**

someday **algún día** (12)

something **algo** (1)

sometimes **a veces** (1)

son **hijo** *m.* (6)

song **canción** *f.*

soon **pronto**

Sorry. **Lo siento.** (7)

soup **sopa** *f.* (17)

south **sur** *m.*

southwest **suroeste** *m.*

space **espacio** *m.*

Spain **España** (3)

Spaniard **español(a)** *m. (f.)* (3)

Spanish **español(a)** (1)

special **especial** (11)

species **especie** *f.*

(to) spend **gastar** (18)

(to) spend time **pasar tiempo** (13)

spice **especia** *f.*

spicy **picante** (3)

spirit **espíritu** *m.*

sport **deporte** *m.* (5)

sporting goods store **tienda de deportes** *f.* (16)

sportsman (sportswoman) **deportista** *m.* or *f.*

square **plaza** *f.* (7), (geometry) **cuadrado** *m.*

squid **calamares** *m.* (2)

stadium **estadio** *m.* (7)

stage (phase) **etapa**

star **estrella** *f.*
station **estación** *f.* (7)
stationery store **papelería** *f.* (16)
(to) stay **quedar** (8)
steam **vapor** *m.* (11)
stepbrother **hermanastro** *m.* (6)
stepfather **padrastro** *m.* (6)
stepmother **madrastra** *f.* (6)
stepsister **hermanastra** *f.* (6)
stereo **estéreo** *m.* (4)
still **todavía**
stockings **medias** *f.* (18)
stone **piedra** *f.*
stone cobbled **de piedra** (8)
store **tienda** *f.* (7, 16)
story **cuento** *m.*, **historia** *f.*
straw (for drinking) **pajita** *f.*
  sorbete *m.* (2)
strawberry **fresa** *f.* (1, 17)
street **calle** *f.* (8)
strength **fuerza** *f.*
stroll **paseo** *m.* (10)
student **alumno(a)** *m.* *(f.)* (4),
  estudiante *m.* or *f.* (3)
(to) study **estudiar** (1)
stupid **tonto(a)** (6)
style **moda** *f.* (18)
subway **metro** *m.* (11)
subway map **plano del metro** *m.*
  (11)
subway station **estación de
  metro** *f.* (11)
success **éxito** *m.*
sufficient **suficiente** (16)
sugar **azúcar** *m.* (3, 17)
(to) sunbathe **tomar el sol** (14)
suitcase **maleta** *f.* (2)
sun **sol** *m.* (14)
Sunday **domingo** (10)
Super! **¡Súper!** (16)
sure **seguro(a)** (18)
(to) surf **practicar el surfing**
  (14)
surf **oleaje** *m.* (14)
surfing **surfing** *m.* (14)
survey **encuesta** *f.*
sweater **suéter** *m.* (18)
Sweet "15" party (coming of age
  party) **quinceañera** (5)
sweet roll, any kind **pan dulce** *m.*
  (1)
sweets **golosinas** *f.* (9)
swim **nadar** (13)

swimming **natación** *f.* (13)
swimming pool **piscina** *f.* (7, 9)

T

T-shirt **camiseta** *f.* (18)
surf boards **tablas de surf** *f.* (14)
tablespoons **cucharadas** *f.* (3)
tail **cola** *f.*
(to) take **tomar** (1, 10), **llevar**
  (4)
(to) take (an amount of time)
  tardar
(to) take a trip **hacer un viaje**
  (13)
(to) take a walk **dar un paseo**
  (10)
(to) take place **tomar lugar** (16)
(to) talk **hablar** (1)
tall **alto(a)** (6)
tape (cassette) **cinta** *f.* (4)
tape recorder **grabadora** *f.* (4)
tasks **labores** *f.* (18)
taste **gusto** *m.* (5)
taxi **taxi** *m.* (10, 11)
tea **té** *m.* (1)
teacher **profesor(a)** *m.* *(f.)* (3)
team **equipo** *m.* (13)
telephone **teléfono** *m.* (7)
telephone conversation
  conversación telefónica *f.*
  (7)
television set, (color) **televisor (a
  colores)** *m.* (4)
(to) tell (a story) **contar**
ten **diez** (4)
ten-trip ticket **billete de diez
  viajes** *m.* (11)
tennis **tenis** *m.* (5)
thank you **gracias** (1)
Thank you very much. **Muchas
  gracias.** (1)
Thanksgiving Day mass **la misa de
  Acción de Gracias** *f.* (9)
that **que** (1)
that / those **aquel(la) /
  aquellos(as) / ese(a) /
  esas(os)** (17)
That's all for today. **Es todo por
  hoy.** (16)
that is why **por eso** (16)
that one / those ones **aquél(la) /**

**aquéllos(as) / ése(a) /
  ésos(as)** *m.* *(f.)* (17)
that one **eso, aquello** *n.* (17)
the **el** *m.*, **la** *f.*, (plural) **los** *m.*,
  las *f.* (2)
theater **teatro** *m.* (7)
movie theater **cine** *m.* (7)
their **su(s)** (4)
then **entonces** (9), **pues** (1),
  luego (14)
Then they go by... **Luego pasan
  por...** (17)
there **allí** (4)
There are no more. **No hay más.**
  (16)
there is / are **hay** (4)
these **éstos(as)** (4)
they **ellos(as)** *m.* *(f.)* (2)
thin **delgado(a)** (6)
thing **cosa** *f.* (4)
(to) think **pensar** (15)
(to be) thirsty **tener sed** (7)
thirteen **trece** (4)
thirty **treinta** (4)
thirty-one **treinta y uno** (7)
thirty-two **treinta y dos** (7)
this / these **este(a) / estos(as)**
  m. *(f.)* (17)
this one / these ones **éste(a) /
  éstos(as)** *m.* *(f.)* (17)
this one **esto** *n.* (17)
thousand **mil** (12)
three **tres** (4)
three-day tourist ticket **metrotour
  de tres días** *m.*
three hundred **trescientos(as)**
  (12)
(to) throw **lanzar** (15)
thrower **lanzador** *m.* (15)
Thursday **jueves** (10)
ticket **billete** *m.* (11)
ticket booth **taquilla** *f.* (11)
time **vez** *f.* (9)
tin **lata** *f.* (17)
tip **propina** *f.* (12)
tired **cansado(a)** (9)
to **a** (1)
toast **pan tostado** *m.* (1)
today **hoy** (10)
together **junto(a)** (17)
tomato **tomate** *m.* (17)
tomorrow **mañana** (10)
tongue **lengua** *f.* (5)

tonight **esta noche** (7)
(to) touch **tocar** (2)
tourist **turista** m. or f. (11)
tournaments **torneos** m. (15)
town **pueblo** m.
toy **juguete** m.
track (railway) **vía** f.
train **tren** m. (7) **entrenar** (4)
train station **estación de trenes** (7)
traits **cualidades** f. (15)
transportation **transporte** m. (4)
(to) travel **viajar** (1)
travel agency **agencia de viajes** f. (12)
trip **viaje** m. (12)
trousers **pantalones** m. (18)
true **verdadero(a)**
trunk **baúl** m. (2)
(to) try (endeavor) **tratar de**
Tuesday **martes** (10)
tuna **atún** m. (17)
(to) turn **doblar** (8)
turns (a certain age) **cumple**
tuxedo **frac** m. (16)
twelve **doce** (4)
twenty **veinte** (4)
twenty-eight **veintiocho** (7)
twenty-four **veinticuatro** (7)
twenty-five **veinticinco** (7)
twenty-nine **veintinueve** (7)
twenty-one **veintiuno** (7)
twenty-seven **veintisiete** (7)
twenty-six **veintiséis** (7)
twenty-three **veintitrés** (7)
twenty-two **veintidós** (7)
type **tipo** m.
typewriter **máquina de escribir** f. (4)
two **dos**
two hundred **doscientos(as)** (12)
typing paper **papel para escribir a máquina** m. (16)

U

ugly **feo(a)** (6)
uncle **tío** m. (6)
(to) understand **comprender** (5)
uniform **uniforme** m. (15)
United States **Estados Unidos** (3)
university **universidad** f. (7)
unlimited **sin límite** (11)

until **hasta** (8, 9, 17)
Uruguay **Uruguay** (3)
Uruguayan **uruguayo(a)** m. (f.) (3)
use **usar** (13)
useful **útil**
usually **de costumbre** (15)

V

value **valor** m.
various **varios(as)** (17)
vegetables **vegetales** m. (17)
Venezuela **Venezuela** (3)
Venezuelan **venezolano(a)** m. (f.) (3)
verb **verbo** (1)
very **muy, bien** (1)
very little **muy poco** (1)
very much **muchísimo** (1)
Very well, thank you. **Muy bien, gracias.** (1)
video **vídeo** m. (4)
videocassette player **videocasetera** f. (4)
(to) visit **visitar** (7, 13)
voice **voz** f. (10)
volleyball **vólibol** m. (5)

W

(to) wait **esperar** (12)
waiter (waitress) **camarero(a)** m. (f.) (1)
wallet **cartera** f. (4)
(to) walk **caminar, andar** (13)
a walk **paseo** m. (10)
walking **a pie** (10)
(to) want **desear** (1), **querer** (7)
(to) waste **gastar** (18)
(to) watch **mirar** (2)
water **agua** f. (1)
water ski **esquí acuático** m. (14)
waterfalls **cataratas** f. (12)
waterpolo **waterpolo** m. (14)
way **manera** f. (3)
we **nosotros(as)** m. (f.) (1)
We hope. **Esperamos.** (12)
Wednesday **miércoles** (10)
week **semana** f. (11)
weekend **fin de semana** m. (10, 13)

we have just finished **acabamos de** (2)
welcome **bienvenido(a)** (3)
well **bien** (1)
what? **¿qué?, ¿cómo?** (1)
What day is today? **¿Qué día es hoy?** (10)
What a shame! **¡Qué pena!** (16)
What delicious food! **¡Qué comida más rica!** (3)
What's going on? **¿Qué pasó?** (1)
What's new? **¿Qué hay (de nuevo)?** (1)
What time is it? **¿Qué hora es?** (9)
What's your name? **¿Cómo te llamas?** (4)
What would you like to drink? **¿Qué desean tomar?** (1)
What would you like to order? **¿Qué van a pedir?** (3)
when? **¿cuándo?** (9)
where? **¿adónde?** (7), **¿dónde?** (6)
Where are you from? **¿De dónde es (eres)?** (3)
Where is / are there . . . ? **¿Dónde hay... ?** (4)
Where is . . . ? **¿Dónde está... ?** (8)
which? **¿cuál?** (17)
Which do you prefer... ? **¿Cuál prefieres...?** (17)
Which do you want... ? **¿Cuál quieres... ?** (17)
white **blanco(a)** (18)
white poster board **cartulina blanca** f. (4)
who? **¿quién?** (3)
whole **entero** (11)
whole month **mes entero** m. (11)
whole week **semana entera** m. (11)
Whose is it? **¿De quién es... ?** (4)
Whose are they? **De quién son...?** (4)
why? **¿por qué?** (6)
widow **viuda** f. (4)
widower **viudo** m. (4)
wife **esposa** f. (6)
windsurfing **windsurfing** m. (14)
winter **invierno** m.

(to) wish for **desear** (1)
with **con** (1)
with me **conmigo** (10)
with pleasure **con mucho gusto** (1)
without **sin** *m.* (11)
woman **mujer** *f.* (3)
wood **madera** *f.* (11)
word **palabra** *f.* (1)
(to) work **trabajar** (1)
work **trabajo** *m.*
worker **trabajador(a)** *m. (f.)*
world **mundo** *m.*
(to) worry **preocupar**
worse, worst **peor(es)** (18)
(I) would like . . . **(Yo) quisiera...** (1)
Would you like to...? **¿Quisieras...?** (2)

Y

year **año** (13)
(to be) . . . years old **tener... años** (7)
yellow **amarillo(a)** (17)
yes **sí** (1)
yesterday **ayer** (13)
yesterday afternoon **ayer por la tarde** (13)
yesterday morning **ayer por la mañana** (13)
yogurt **yogur** *m.* (17)
you (familiar) **tú,** (familiar plural) **vosotros (as)** *m. (f.),* (formal

usted (Ud.), (formal plural) **ustedes (Uds.)** (1)
you are right **tienes razón** (18)
you must **debes** (10)
you went **fuiste** (13)
young **joven** (11, 18)
young **joven, jóvenes** *m.* or *f.* (11, 18)
younger **menor(es)** (18)
you're welcome **de nada** (1)
your **tu, su(s), vuestro(a), vuestros(as)** (4)
youth **juventud** *f.*

Z

zero **cero** (4)
zoo **parque zoológico** *m.* (13)

TEXT PERMISSIONS

The following article adapted from the magazine **El sol** was reprinted with permission from Scholastic Inc., New York, NY: p. 51 (left and right) **La música latina**

PHOTO CREDITS

Unless specified below, all photos in this text were selected from the *Heinle & Heinle Image Resource Bank.* The *Image Resource Bank* is Heinle & Heinle's proprietary collection of tens of thousands of photographs related to the study of foreign language and culture.

Photographers who have contributed to the resource bank include:
Angela Coppola
Carolyn Ross
Jonathan Stark
Kathy Tarantola

p. 51 (left) Mangino/The Image Works, p. 51 (right) Courtesy of Karen Records, p. 55 metro map reprinted from El Corte Inglés brochure with permission from El Corte Inglés, pp. 71, 90 (left and right) Photos courtesy of Argentina Government Tourist Office, p. 92 Corbis/Pablo Corral V, p. 93 (top) Corbis/James Davis; Eye Ubiquitous, (bottom) Corbis/James Davis; Eye Ubiquitous, p. 99 Corbis/Danny Lehman, p. 101 (top) Corbis/The Purcell Team, p. 119 (third row, right) Corbis/Hulton Deutsch Collection, p. 121 (bottom row, middle) Corbis/Hulton Deutsch Collection, p. 134 (right) Photo courtesy of Argentina Government Tourist Office, p. 140 (right) Corbis/Phil Schermeister, p. 159 Bob Torrez/Tony Stone Images, p. 162 (top, left) Mitchell Layton/DUOMO, (top, right) Bryan Yablonsky/DUOMO, (bottom) Corbis/UPI, p. 163 Corbis/Agence France Presse, p. 168 (top, left) Photonews/Gamma-Liaison, (bottom, left) Topham-PA/The Image Works, (right) DUOMO, p. 169 Photonews/Gamma-Liaison, p. 176 Corbis/Agence France Presse, p. 177 Corbis/Agence France Presse, p. 184 Jim Steinberg/Photo Researchers, Inc., p. 185 Jeff Greenberg/Photo Researchers, Inc., p. 187 (top, left) Corbis/Mitchell Gerber, (top, right) Corbis/Mitchell Gerber, (middle) Corbis/Martin Brading, (bottom, left) Corbis/Mitchell Gerber, (bottom, right) Corbis/PACHA, p. 214 Bob Daemmrich/The Image Works, p. 264 Tom & Michelle Grim/Tony Stone Images, p. 273 Peter Langone/International Stock